문헌정보학
의
사회학적 기반

Jesse H. Shera

윤 영 옮김

도서출판 지식나무

Ranganathan Series in Library Science 23

SOCIOLOGICAL FOUNDATIONS

OF

LIBRARIANSHIP

By

J. H. Shera

Translated from English

By

Young Youn

Original edition published in 1970

By The Asia Publishing House, Bombay.

옮긴이의 말

◎ 몇 해 전에 이 책을 읽었을 때 우선 내용이 간결하면서도 도서관학의 정수를 꿰뚫어 볼 수 있어서 여러 사람들이 읽어 보았으면 했다. 그러나 이 책이 나온지가 10여 년이 지나, 국내는 물론 외국에서도 쉽게 구할 수 없는 실정일 뿐만 아니라, 아직도 우리 학계에는 도서관학의 이론 정립 내지 철학을 다룬 기본서가 거의 없는 처지라 상당한 도움이 될 것 같아서 우리말로 옮겨 본 것이다.

우리들은 일찌기 도서관학의 이론 정립에 심혈을 기우려 온 에스.아르.랑가나단의 「도서관학의 5 법칙」(S. R. Ranganathan. Five Laws of Library Science. Madras Library Association, 1931), 피어스 버틀러의 「도서관학개론」(Pierce Butler, An Introduction to Library Science. University of Chicago Press, 1933), 페터 칼슈테트의 「도서관 사회학」(Peter Karstedt. Studien zur Soziologie der Bibliothek. Otto Harrassowitz, 1954. Zweite Auflage 1965)과 제시 에이치. 셰라의 「도서관학의 사회학적 기반」(Jesse H. Shera. Sociological Foundations of Librarianship. Asia Publishing House, 1970) 등을 주요 저서로 들 수 있을 것이다. 이 중에서도 셰라 박사의 「도서관

학의 사회학적 기반」은 일진월보하는 도서관학의 발전양상을 미리 내다보고, 그리고 학문적인 기반을 제시한 중요한 저서라고 생각된다.

셰라 박사는 세계적으로 유명한 도서관학자로서 특히 미국 도서관사, 다큐멘테이션 및 분류분야의 권위자이다. 박사는 1947년부터 1952년까지 시카고대학교 도서관학대학원에서 도서관학을 가르쳤으며, 그 이후 1952년부터 1970년까지는 오하이오주 클리블랜드에 있는 케이스 웨스턴리저브대학교 도서관학대학원 교수와 원장, 그리고 그 대학교의 다큐멘테이션ㆍ커뮤니케이션 연구센터의 소장을 역임했다. 그리고 1970년 이후 1982년 작고 시까지는 명예교수로 봉직했다. 30여 년 동안 한결같이 박사는 도서관 전문직 교육에 심혈을 기우려 왔으며, 수많은 논문과 많은 저서를 통해서 전문직 사서의 지위향상을 꾀했으며, 도서관학의 학문적 기반을 정립하는데 지대한 공헌을 했다.

셰라 박사는 이 책에서 도서관과 개인, 도서관과 사회, 도서관과 지식을 연관시켜 볼 때, 개인과 사회, 사회와 사회조직, 사회조직으로서의 도서관은 사회적 기억(social memory) — 일종의 사회적인 정신력도 포함한— 과 불가분의 관계를 가지고 있다고 보았다. 그리고 개인적인 기억 (individual memory)은 어느 곳 어느 때나 연상이 될 수는 있지마는, 계속성이 없고, 정확성이 항상 문제가 되어 만인의 공유가 어렵지만, 이에 비해서 사회적 기억은 그것이 정확히 기록되어서 모아지고, 체계적으로 조직되었을 때 훌륭한 사회적 유

산으로서 개인의 학습을 돕고 사회발전의 원동력이 된다고
보았다. 따라서 도서관은 인간의 기록지식을 사회적 기억으
로서 체계있게 조직하여 제공하는 사회기관이며, 이를 발전
시켜 나가는 도서관학은 사회인식론의 기반 위에서 학문적
토대를 가지는 것이라고 했다. 그리고 기록지식과 독자, 사
서와 이용자 간의 커뮤니케이션 과정, 이 과정에 컴퓨터의
정보처리응용 문제까지도 거론하고 있다. 그러나 실제로 셰
라 박사는 이 책의 첫 머리에서도 말했듯이 도서관학의 단순
한 정의를 내리려고 하기보다는 학문적인 성격이나 근본에
대한 문제를 성실히 제기하려고 했다.

원래 이 글은 인도의 랑가나단 박사의 요청에 의해 1967
년 사라다 랑가나단 강연회에서 행한 강연록인데, 그 원고를
다시 정리하여 1970년에 인도, 영국, 미국에서 책으로 간행
한 것이다. 그후 1973년 소련에서 러시아어로 번역되어 도
서관학의 이론서로 소개되었으며, 1978년에는 일본도서관
협회에서도 일어로 번역하여 출판하였다. 또 이 책의 후속으
로 셰라 박사는 「도서관학의 교육기반」(The Foundations
of Education for Librarianship)을 펴냈으며, 그후 그의
이론적인 구축을 총 정리하여 1976년에 「도서관학개론」
(Introduction to Library Science)을 펴냈다.

이 번역본은 1970년 랑가나단 도서관학총서로서 봄베이의
아시아 파브리싱 하우스에서 간행한 「도서관학의 사회학적
기반」(Jesse H. Shera. Sociological Foundations of
Librarianship. Bombay, Asia Publishing House, 1970)

을 옮긴 것이다. 앞에서도 말했듯이 이 글은 원래 논문기사체로 쓴 글이 아니고, 강연을 하기 위한 연설문체의 입말로 된 것이어서, 문장으로 옮김에 있어서 표현의 어려움이 많았다. 가능한 한 청중을 향한 존대말을 그대로 옮겨 썼으나, 부득이한 경우는 기사체로 옮겼다. 막상 우리말로 다 옮기고 보니 미흡한 데가 한 두 곳이 아닌 듯 싶다. 이는 어디까지나 옮긴 이의 능력 부족 탓이지, 원서의 내용 탓이 아니므로 독자 여러분의 관용을 바라는 바이다.

1984

◎ 이 수정판을 내게된 첫째 이유는 학문명칭이 '문헌정보학'으로 변경됨에 따라서 몇몇 관련용어를 알맞는 어휘로 바꾸어야 할 필요성이 있어서다. 그래서 한국문헌정보학회의 논의 및 리재철 교수의 논문 (한국문헌정보학의 문제들, 11~62쪽. 구미무역주식회사 출판부, 1994)에 근거하여 Library를 단지 도서를 수장하는 건물로 도서관(圖書館 -library building-)이라 일컫는 것을 인류의 모든, 다양한 형태의 기록물을 소장하고, 그 자료 및 정보를 제공하는 기관으로서 역할을 뜻하는 문헌정보관으로, Library Science를 문헌정보학으로, 그리고 Librarian을 다분히 책지기란 이미지를 주는 사서(司書 -중세기 서고관리를 맡는 서고지기 또는 책지기-)란 용어를 문헌정보사로 바꾸어 썼다. 리재철 교수가 지적한 바와 같이 'Library'란 어휘의 본래 뜻을 제대로 이해하지 못한 채 옮긴 말 탓이라 생각한다. 실은 일본 사람들이 옮긴 이 말을 우리가 아무 생각없이 그냥 그대로 베껴 쓴 데서 비롯됐다고 보아야 할 것이다. 이제 우리는 이런 문제에 대해서 진지하게 성찰하지 않으면 안되리라고 생각한다.

둘째 이유는 첫판 번역문 중에 몇몇 서투른 문맥 및 표현을 바르게 다듬기 위해서다. 그리고

셋째 이유는 우리 학문에 대한 셰라 박사의 열정, 신념, 발전방향에 대한 통찰 그리고 학문의 기반인 철학이 후학님

들에게 전해졌으면 하는 마음에서다. 수십 년전에 펴낸 책이지만 오늘날 우리의 문헌정보관계나 학계의 현실정을 그대로 비추어 보듯이 꿰뚫어 본 것 같아서 그 요지가 우리들에게 귀감이 될만 하기에 말이다.

한마디 더 붙인다면, 새로운 것이라고 해서 다 좋은 것이 아니듯, 오래된 것이라 해서 다 좋지 않은 것은 아니잖은가. 숙성이 잘 되어서 잘 발효된 것은 오래된 것일수록 진국이 아닌가. 그래서 클래식(classic)을 고전(古典)이라 하지 않던가.

2025

이 총서에 붙이는 말

　사라다 랑가나단 문헌정보학 기금위원회는 1963년 에스. 아르. 랑가나단(S. R. Ranganathan) 박사와 그의 부인에 의해서 설립되었습니다. 이 자금은 1890년 6월에 제정된 자선기금법 제4조와 5조에 따라서 인도자선기금공단에 귀속되어 있습니다. 이 기금은 다섯 명의 종신위원에 의해서 관리되고 있습니다.
　이 기금을 마련한 목적은;
　첫째 문헌정보학의 요지를 더욱 발전시키고
　둘째 문헌정보학의 최신 사상 및 연구를 중심으로 한 강좌, 즉 사라다 랑가나단 문헌정보학 강연회를 정기적으로 개최하고
　셋째 이 강연회의 강연록 및 문헌정보학에 있어서 새로이 발전하고 있는 사상에 관한 저술의 출판을 지원하는데 있습니다. 이 강연은 대학 또는 문헌정보관협회 혹은 여기에 관심이 있는 기타 관련기관의 후원하에서도 개최될 수 있으며, 이 기금은 인도의 어디서든지 쓰일 수 있습니다.

　이 세 번째 목적을 성취하기 위해서, 사라다 랑가나단 강좌라고 이름을 붙인 이 총서가 바로 간행되고 있는 것입니다. 이 총서는 이 기금위원회의 초청으로 이루어진 각 저자에 의해서 발표된 연속강연을 싣도록 하고 있습니다. 이 총서가 문헌정보학의 발전과 문헌정보관 봉사업무의 향상에 도움이 되기를 바라는 바입니다.

차례

Ⅰ. 문헌정보관과 개인

0. 회고할 수 있는 기회

친애하는 나의 인도 친구 여러분! 서로 마주 앉아 이야기할 수 없는 나의 처지를 대단히 안타깝게 생각하는 바입니다. 그렇지만 오랜 친구인 랑가나단 박사께서 1967년도의 사라다 랑가나단 강연회에서 이야기 할 수 있게 나를 초청해 주신 데 대해 영광으로 생각하며 심심한 감사를 드립니다. 어쩔 수 없는 사정으로 내가 갈 수 없게 되어서, 여러분을 직접 만나 보지는 못하지만, 나의 목소리만이라도 들을 수 있는 녹음 테이프를 보내서 들으시게 함으로써 인도에 계신 나의 많은 친구들을 만나 보지 못하고 또 새로운 친구를 사귀지 못한 데 대한 나의 미안한 마음을 조금이나마 덜 수 있지 않을까 싶습니다.

이번 초청은 내게 있어서 명예롭고 영광스러운 일일뿐만 아니라 40여 년 동안 현장에서 문헌정보사로서, 교사로서 지낸 세월을 돌이켜 보게 되는 좋은 기회를 마련해 주고 있습니다. 또한 이 모든 것이 갖는 의미에 대해서도 자문할 수 있는 좋은 기회이기도 합니다. 두 발은 책상에 들여놓고, 눈은 천정에, 손은 뒷머리에 깍지를 낀 격이 됐으나, 내가 문헌정보학에 대해서 기본적이라고 생각하고 있는 몇 가지 문제 ―이 직업에 종사한 이래로 내가 줄곧 관심을 쏟아 온 문제들― 를 이야기해 보고자 합니다.

그러나 여기서 논의되는 모든 문제에 대해서 내가 해답을 줄 수 있는 것처럼 말하는 것은 좀더 솔직한 일이 못 될 것입니다. 이 문제의 대부분이 지금까지 해결되지 못했던 것처럼 확실한 답이 없기 때문입니다. 하지만, 우리 모두가 기대한 만큼 문헌정보학이 발전되어 간다면 문제의 답은 반드시 찾아지리라고 확신하는 바입니다.

1. 전문직

1.1 여러 가지 정의

그러면 우선 "문헌정보직이란 무엇인가?"라고 우리들 스스로 물어봅시다. 문헌정보직은 하나의 전문직이라고 거리낌없이 대답할 수 있습니다. 이제 문헌정보직이 전문직이냐 아니냐, 또는 어떠한 전문직인가라는 등의 이러한 논쟁에 휘말려 들고 싶지는 않습니다. 이 말을 더 확실히 규명하려고 드는 사람들이 많은 만큼이나 전문직의 정의도 많을 수

밖에 없습니다. 미국에서와 마찬가지로 인도에서도 또한 전문직에는 대단한 위신이 있으며, 실제활동과는 상관없이 전문직이 되고 싶어하는 마음은 두말할 나위도 없으리라고 생각합니다.

1.2 공통적인 두 개의 맥

그런데, 지금까지 정립된 전문직에 대한 모든 정의 중에서도 식별이 되는 공통적인 두 개의 맥이 있다고 생각합니다.

1.2.1 사회에 대한 봉사

첫째로 전문직이란 봉사입니다. 인류의 이익을 위해서 행해지고 높은 목적의식과 헌신감을 갖고 행해지는 봉사임을 말합니다. 변호사가 법의 정의를 지키기 위해서 헌신하고, 사제가 종교적 신앙 혹은 신념에 대해서 몸을 바치는 것과 같이, 전문직이란 용어는 '바치다(to profess)'라는 동사에서 유래한 것입니다.

1.2.2 지적인 내용

전문직이란 지적인 지식의 실체, 바로 기본원리의 중핵을 지녀야 하며, 그리고 동시에 실무라는 구체적 현상을 가져야 함이 둘째 요소인 것입니다.

　문헌정보사는 세상 사람들에게 헌신하는 사람이며, 독서가 각 개인에게 유익한 것이며, 지식은 어느 사회에서나, 특히 민주주의 사회에 있어서는 필수불가결한 것이란 신념을 신봉하는 사람이라는 데는 의심의 여지가 없을 것이라고 생각합니다. 그러나 전문가기질(professionalism)이란 이 둘째 요소에 생각이 미치게 되면, 우리들은 아주 중요한 어떤 문제에 마주치게 됩니다. 문헌정보직의 지적인 기반이 무엇이며, 기본원리의 본체는 무엇인가? 하는 문제에 곧 접하게 됩니다.

1.3 돌이켜 볼 시간

　문헌정보학은 실무를 통해서 발전해 왔습니다. 즉 사람들이 책을 어떻게 이용하는가라는 점에 착안한 어떤 일정한 가정하에 전개된 기술을 주체로 해서 발전해 왔습니다. 그러나 이와 같은 사실이 중요하게 여겨지는 한, 문헌정보사들은 거의가 문헌정보학의 철학에 관해서는 자문해 보려고 하지 않은 채 그대로일 것입니다. 그래서 바로 이 강연에서 문헌정보학의 철학이 되는 근본 바탕에 대해서 말씀드리고자 합니다.

2. 문헌정보직이란 무엇인가?

2.1 매개자로서의 문헌정보사

그러면 문헌정보직이란 도대체 무엇인가? 누군가 다른 사람들이 하지 못하는 것을 문헌정보사들이 하는 일이란 무엇인가? 사회에 있어서 문헌정보사의 역할은 —이하 계속되는 논의에서도 사회적 역할에 대해 좀더 많이 말하려고 합니다만— 사회의 이익을 위해 필사기록물의 활용을 극대화 시키는 일이라고 생각합니다. 다른 말로 바꾸어 말한다면, 문헌정보사가 하는 일의 기능이란 모든 기록자료물, 즉 도서뿐만 아니라 음반, 그림, 사진, 녹음·녹화테이프, 도표 등 인간 지식의 발달에 기여하는 모든 자료와 인간과의 사이를 이어주는 매개자로서 봉사하는 일이라고 할 수 있습니다.

2.2 삼각형에 의한 유추

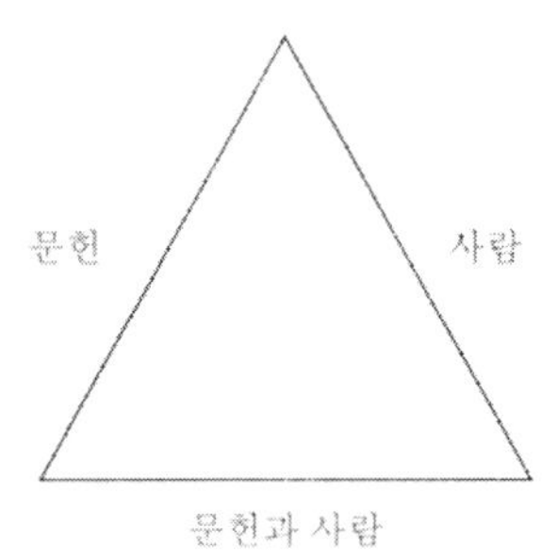

문헌정보사의 책임을 일종의 삼각형에 비유하여 생각해 볼 수 있다면, 한 변은 문헌 및 모든 기록물, 또 다른 맞변은 사람에, 그리고 아랫 변은 기록물과 사람에 비유될 수 있을 것이고,

그렇게 되면 문헌정보관의 목적은 바로 그 아랫 변에 있게 마련입니다. 즉 인간과 기록지식을 인력으로 할 수 있는 한, 가장 성과 있는 관계로 이끌어 가는 것이라고 생각합니다.

2.3 세 가지 해야 할 일

그러면, 문헌정보사가 해야 할 일과 교육을 통해서 갖추고 있어야 할 마음의 자세란 말의 뜻은 무엇일까요? 분명히 그것은 세 가지를 의미하고 있습니다. 첫째로 문헌정보사는 그가 취급하는 자료에 대해서 알아야 합니다. 좀더 간단히 말하자면, 문헌정보사는 문헌의 본성, 즉 내용을 잘 알아야 합니다. 그리고 또한 그것을 이용하는 사람을 잘 알아야 합니다. 이 양자를 철저히 이해하지 못하고서는 문헌 정보사가 이 두 요소를 조화로운 관계로 이끌어 갈 수 없기 때문입니다. 그러나 사람이란 집합명사로 쓰인 것이기 때문에 다시 세분화하여야 하고, 문헌정보사는 이 세분화된 개인을 상대로 해서 일을 하여야 하며, 또 이 개인을 통해서 그 개개인이 구성하고 있는 사회를 상대로 해서 일을 해야 합니다.

2.4 부정확한 생각

19세기, 아니 그 이후까지도 문헌정보관을 매스 커뮤니케이션의 한 기관으로 보는 어처구니없는 말들이 꽤 많이 있었습니다. 분명히 문헌정보관은 매스 커뮤니케이션의 기관은 아닙니다.

2.5 문헌정보관과 개인

문헌정보사는 이용자를 한 사람 한 사람 상대해서 일하며 이 개인을 통해서 사회를 상대하게 됩니다. 그러므로 문헌정보사는 개인과 사회 모두에게 심대한 영향을 끼치는 기록물에 대해 관심을 기우리지 않으면 아니 됩니다. 그러나, 이는 문헌정보사의 기본적인 일이긴 하지만, 인쇄된 언어와 인관과의 관계는 인간 행동의 어느 한 행태 중에서도 퍽 이해하기가 힘든 일이라는 것을 말씀드리지 않을 수 없습니다. 우리는 사람들이 책을 어떻게 이용하며 책은 독자들에게 어떻게 영향을 끼치는가에 대해서 어떤 가설의 논거를 찾고자 이에 최선을 다하고 있습니다. 그러나 아직껏 우리는 이 관계에 관해서 정확한 과학적 지식을 갖고 있지 못함을 솔직히 말씀드릴 수밖에 없습니다. 그러므로 이 강연에서 내가 할 수 있는 최선의 일이라고 한다면, 그것은 탐구의 실마리와 그리고 사회의 이익을 위해서 문헌정보관의 자원을 충분히 활용할 수 있다면 거기서 바로 해결책을 찾아 낼 수 있으리라는 점을 시사해 주는 일입니다.

3. 커뮤니케이션 기관

3.1 커뮤니케이션이란 무엇인가?

아마도 문헌정보관이 커뮤니케이션의 한 기관이 아니겠는가라는 점에 대해서는 이미 충분히 이야기가 되어 왔습니다. 이와 같은 가정의 타당성에 대해서는 별문제가 없으리라고 믿습니다. 그러나 커뮤니케이션의 행위란 무엇이며, 우리들은 어떻게 커뮤니케이션을 행하고 있는가? 지금 여러분이나 나나, 그리고 우리와 마찬가지로 모든 사람들은 서로가 말로뿐만 아니라 기록어를 통해서 끊임없이 커뮤니케이션을 행하고 있습니다. 그렇지만 바로 이 커뮤니케이션의 행위, 그 자체가 완전히 이해되어 있다고는 말할 수 없습니다.

3.2 언어

우리들은 언어로 의사소통을 하고 있습니다. 수잔 랑거(Susanne Langer)는 「새로운 열쇠로서의 철학」이라는 논문에서 '언어는 인간의 가장 위대한 발명'이라고 했습니다. 이 말은 맞는 말이라고 생각합니다. 그러나 커뮤니케이션을 연구하는 사람들은 언어란 신통치 않은 것이라고 말할 것입니다. 왜냐하면 커뮤니케이션의 행위 자체가 가장 잘 되어 있다 하더라도 그것은 어디까지나 불완전하기 때문입니다.

커뮤니케이션의 발신자와 수신자 사이에는 항상 무엇인가 놓쳐 버리는 수가 있습니다. 그래서 완전한 커뮤니케이션이란 것은 있을 수가 없습니다. 누군가가 연서만이 우리가 갖는 완전한 커뮤니케이션 중의 가장 좋은 예라고 했습니다. 왜냐하면 연서를 받은 이는 그 연서에서 자기가 할 수 있는 한 모든 의미를 새겨 보려고 하기 때문입니다. 그러나 때로는 연인들이 연서에도 없는 의미를 읽어 내려고 하는데는 아주 미심스럽기 짝이 없습니다. 그렇지만 수잔 랑거의 생각은 옳다고 보며, 언어는 기막힌 발명임에는 틀림 없습니다. 내가 여기 앉아서 어느 한 언어매체로 여러분께 말할 수 있다는 사실이나, 또 내 의중에 있는 바를 여러분이 적어도 분별 있게 알아 들을 수 있다는 사실, 그 자체는 매우 훌륭한 일입니다. 우리들은 커뮤니케이션을 당연한 것으로 생각합니다. 우리들은 무엇이든 읽습니다. 여러분이나 나나, 마찬가지로 모든 사람들은 항상 무엇인가 읽지 않으면 안 되는 독자입니다. 사실상 이런 일은 결코 단순한 것이라고 불 수 없는데도 우리들은 아직도 이것을 단순한 행위라고 생각하기 일쑤입니다.

3.3 생물학적 커뮤니케이션

커뮤니케이션 행위는 두 가지 방법으로 이해될 수 있습니다. 생물학자는 신체 그 자체가 서로 교통을 하는 것이며,

그리고 분명히 우리들의 감각을 통해서 우리들은 수많은 메시지를 끊임없이 받아들이고 있는 것이라고 말하고 있습니다. 내가 여기 앉았을 때, 내 팔이 책상에 닿는 그 느낌은 바로 일종의 커뮤니케이션입니다. 물론 그런가 하면, 우리들이 가지고 있는 지력은 우리들에게 의미가 없는 온갖 종류의 메시지나 정보는 무시해 버리도록 합니다. 그 실례로서, 내가 일부러 생각하지 않는다면 비록 내 팔이 책상에 닿았다 하더라도 그것을 감지하지 못하고 마는 것입니다. 여기서 중요한 사실은 뇌가 어마어마한 받아들이는 힘, 기억하는 힘, 거부하는 힘, 생각해내는 힘을 가지고 있다는 것이며, 그러면서도 또한 이러한 사실들이 충분히 이해되지 않고 있다는 점입니다.

3.4 지식의 전달

여기서 우리가 제일 먼저 관심을 갖는 것은 생물학자가 사용하고 있는 의미로서의 정보 커뮤니케이션이 아닙니다. 인쇄된 지면이나 그림 및 기타 여러 형태의 필사기록물에 담겨있는 지식이 은연중에 개인에게 옮겨지는 것, 그리고 이렇게 옮겨진 메시지가 인간의 행동에 미치는 영향, 즉 이와 같은 커뮤니케이션 행위에 대해서 우리들은 관심을 갖고 있는 것입니다.

3.5 인간의 두뇌와 사고

우리들은 독서가 개개인에게 어떻게 영향을 미치는지를 알지 못하고 있습니다. 프란시스 베이컨(Francis Bacon)이 세 가지로 분류한 그의 지식구조론에서, 인간은 감각을 통해서 모든 지식을 받아들이는 것이며, 이 감각을 통해서 모든 지식은 인간의 뇌에 전달되는 것이라고 한 것은 맞는 말입니다. 물론 베이컨에게도 오류는 있습니다마는, 400년 전에는 심리학이 현대와 같이 발전되어 있지 않았기에 굳이 그를 비난할 수는 없습니다. 그가 잘못한 것은 뇌가 지식의 단편인 메시지를 받아들여, 그것이 곧 세 가지 중 어느 한 가지 활동을 한다고 말한 점입니다. 즉 기억 속에 메시지를 간직하든지, 그것을 심사숙고하든지, 혹은 그 메시지로부터 기발한 이미지를 만들어 내든지, 그 어느 한 가지를 한다고 한 점입니다. 이렇게 베이컨은 지식을 기억, 이성, 상상의 세 가지로 구분하고 있습니다. 물론 베이컨이 인간의 심리작용을 이와 같이 세 가지로 구분해 버린 것은 옳지 않습니다. 기억은 모든 지적 활동의 기본이 됩니다. 기억하지 못하고서는 우리들은 배울 수가 없습니다. 더욱이 이성과 상상은 항상 서로 얽히어 있는 것입니다. 그러나 베이컨이 사람 마음의 심리학적, 신경학적 연관성에 주의를 기울이게 한 점에 대해서는 확실히 공헌을 했습니다.

3.6 컴퓨터와의 유사성

뇌 그 자체는 말할 것도 없이 놀랄 만큼 복잡한 유기체입니다. 날이 갈수록 우리들은 뇌의 작용에 대해서 점점 더 많은 것을 알아 가고 있습니다. 그러나 인간의 마음에 대해서는 아직도 이해하지 못하는 영역이 많습니다. 하지만 인간의 지성과 컴퓨터와의 사이에는 어느 정도 닮은 점이 있다고 우리들은 알고 있습니다. 뇌는 미세한 전류의 통과에 의해서, 또 매우 복잡한 신경조직과 서로 얽히어 활동하고 있는 여러 기관(器官)을 통해서 움직이고 있다는 것도 우리들은 다 알고 있습니다.

3.7 양식화

뇌는 하나의 틀의 짜임새를 가진 구조이며, "유기적인 조직화에 의해서" 사고를 하게 된다는 것도 우리들은 또한 알고 있습니다. 사람은 동물에 속하나, 유기적으로 조직화된 하나의 인간입니다. 영국의 유명한 신경생리학자 찰스 셰링턴(Charles Sherrington)경은 두뇌를 '마법의 직기'라고 불렀습니다. 이 말은 매우 적절한 표현이라고 생각합니다. 왜냐하면, 뇌가 직물과 같은 모양을 만들어 내는 하나의 틀의 짜임새를 가진 장치(裝置)라고 하는 개념을 명확하게 밝힌 점입니다. 우리들에게 아주 익숙해져 있는 양식(樣式)은 마음을 편하게 하고 즐거움을 줍니다. 그러나 우리들에게 익숙해져 있지 않은 양식은 어쩐지 서먹서먹하거나 반감을 불러 일으키기 쉽고, 또 잘 받아들여지지도 않습니다. 곧 두려움까지는 안간다 하더라도 적어도 어느 정도는 싫어지기까지 하는 것입니다. 나, 자신은 바흐, 베토벤, 모차르트, 하이든을 그냥 좋아합니다. 그러나 현대음악은 내게 있어서는 전연 관심 밖의 일입니다. 왜냐하면 그것은 내게 익숙하지 않은 양식이어서, 거기서 내가 기분 좋은 것을 느끼지 못하기 때문입니다. 실제로, 적어도 내게 있어서만은 이 양식은 전혀 익숙해진 양식이 아닌 것입니다. 유럽인이나 미국인에게는 인도음악이 이와 마찬가지로 생소하기만 할 것이며, 또 모르긴 하지만, 아마도 인도인 여러분에게는 미국음악역시 생소하기만 하지 않을까 생각됩니다. 그래서 우리들은 익숙해진 양식에 안주하는 것입니다.

3.8 양식의 적응

그러므로 문헌정보직의 아주 근본적인 문제는 두 개의 양식, 즉 인간사고의 양식과 문헌정보관조직의 양식을 잘 맞추어 나가는 일입니다. 여러 번 이야기 한 것이지만, 문헌정보관 서가를 마주 대했을 때 사람들 마음속에 바로 무슨 생각이 일어나는가를 우리들이 안다면 문헌정보관조직이라든지 정보검색의 문제는 일단 해결이 된 것이라고 생각합니다. 근본적으로 조직의 문제나 분류의 문제는 두 양식, 즉 자료 자체의 조직양식과 이용자가 문헌정보관장서에 대해 갖는 사고양식을 어떻게 잘 맞추어 나가느냐에 달려 있으므로, 이 두 양식을 어느 정도 일치시키느냐에 따라서 자료조직면의 효과도 정해지는 것이라고 봅니다.

3.8.1 적응의 문제

그래서 문제가 되는 것은 이용자들이 접하는 문헌정보관의 내용, 이른바 지식의 조직화에는 여러 가지 방법이 있다는 데 바로 문제가 있습니다. 그런데 문헌정보관에서 우리들이 자료조직안을 입안할 수 있는 한에서는 단지 한 가지의 방법으로만 조직될 수밖에 없으니, 당장 이것이 심각한 문제를 제기하고 있습니다.

3.8.2 컴퓨터 작업에 관한 연구

내가 컴퓨터와 같은 전자기기를 문헌정보관의 정보검색 문제에 응용하려고 이렇게 많은 관심을 쏟는 이유 중의 하나는, 바로 그 근본적인 이유는 우리들이 어떻게 사고하는가에 대해서 이와 같은 기계로부터 많은 것을 배울 수 있으리라고 믿기 때문입니다. 컴퓨터와 뇌 사이에 사실상 유사점이 있다면, 실은 나는 그렇게 믿고 있는 사람입니다마는,

이런 기계에 대해서 알면 알수록 인간의 두뇌작용에 대해서도 더욱 더 이해할 수 있지 않을까 하는 생각입니다. 또 역으로 뇌의 움직임에 대해서 더 이해하면 할수록, 더욱 더 효과적으로 우리들은 인간의 사고체계를 그대로 닮은 기계를 제작할 수 있을 것입니다. 그래서 내 생각으로는 이와 같은 전자기기 장치에 대해 관심을 쏟고 매달리는 것은 단지 이 기기(器機)가 문헌정보관의 효율을 증대시켜 주는 아주 효과적인 방법을 제공해 줄지도 모른다는 것 때문만이 아니라, 또한 문헌정보관이 그 자체의 목적을 가장 잘 성취할 수 있는 기본적인 방법을 여기서 찾아낼 수 있을 것이라는 것 때문에 중요하다고 생각합니다.

4. 독서의 효과

4.1 거의 같은 생각에 이름

그러면 여기서 거론되는 또 하나의 문제, 즉 아주 중요한 문제로 생각되는 것은 지식과 인간의 행동과의 관계, 인간의 마음과 행동과의 관계입니다. 커뮤니케이션의 목표 혹은 목적이란 무엇일까요? 커뮤니케이션의 궁극적인 목적은 거의 같은 생각에 이르는 것이라고 말씀드릴 수 있겠습니다. 그렇지만 이것은 커뮤니케이션의 목적이 누군가를 설득하고

달래서 자기의 관점과 일치되게 한다거나, 또는 심지어 비슷하게 한다는 뜻은 아닌 것입니다. 이런 것은 곧 선전입니다. 거의 같은 생각에 이르게 한다는 것은 자기가 말하려고 하는 바를 남으로 하여금 이해하도록 한다거나 혹은 이해에 접근시키는 일이지, 남이 자기에게 동의해 주느냐 안해 주느냐 하는 문제는 아닌 것입니다. 따라서, 거의 같은 생각이란 동의와 같은 그런 뜻이 아니라, 오직 이해라고 하는 뜻과 같은 것입니다.

4.2 인간행동에 미치는 영향

여기서 다시, 우리들은 사실상 이해가 채 되지 않은 이러한 관계성에 우리 자신이 몰두하고 있는 것을 알고 있습니다. 인쇄된 언어, 즉 여러분이 말하는 책이란 개인의 행위에 어떻게 영향을 미치는 것인가? 약 30년 전에 시카고대학교 문헌정보학대학원의 더글러스 웨플즈(Douglas Waples)는 독서가 인간행동에 미치는 영향을 연구하는 데 지대한 관심을 쏟았습니다. 그러나 불행하게도 여러 가지 사정과, 크게는 세계 제2차 대전의 발발로 인해서, 결국 그는 기본적인 문제를 제기하는 데 그쳤을 뿐 그 이상 진전을 보지 못하고 말았습니다. 그러나 적어도 이러한 문제를 제기했다는 것 자체가 중요한 것입니다. 그 누가 웨플즈의 조사를 계속해서, 그가 구하고자 했던 해답을 찾아내어 주었으면 하는 마음이며, 또 그렇게 되기를 간절히 바라는 바입니다.

4.2.1 영향에 대한 평가

독서나 커뮤니케이션이 개인의 행동에 어떻게 영향을 미치는가? 검열관 이외는 그 누구도 확실히 알지 못합니다. 물론 검열관은 독서가 해로울 수 있고, 반사회적 행동을 초래할 수 있는 것이라고 믿는 사람이고, 그 외의 우리들은 그렇게 생각하지 않는 사람들입니다. 책을 읽는 일은 어느 누구에게도 결코 해가 되지 않는다고 우리들은 주장하고 있습니다. 또 한편으로는, 우리들의 모든 전문직은 독서행위는 유익한 것이며, 독서에서 이익을 얻을 것이라는 가정하에 바탕을 두고 있습니다. 이제, 우리들은 이 쌍방의 입장을 언제까지나 모두 취할 수는 없는 것 같습니다. 좋은 책을 읽는 것은 유익하다고 하면서, 나쁜 책을 읽는 것은 어째서 해가되지 않는다는 것인지 나는 전연 이해할 수가 없습니다. 어떤 의미에서는, 나는 어느 정도 검열관 편이라고 말하지 않을 수 없습니다. 책을 읽는 일은 좋은 일이지만, 악서를 읽는 경우는 그것이 설사 반사회적 행위를 저지를 정도는 아니라 하더라도, 인간에게 어떤 미묘한 면에서 영향을 줄 수 있는 것이라고 생각합니다. 악서를 읽는 것은 한 인간의 취미, 도덕규범에 관계되는 것이므로 그것은 바로 좋지 않은 것이라고 생각합니다.

4.3 경험의 총체성

그런데, 내 자신은 이상의 여러 가지 점에 대해서 그러리라고 생각하고 있을 뿐이지, 내가 취한 이 입장에 대해 증빙할 만한 것을 제시할 수는 없습니다. 그렇다고 여기에 그 누구도 반대 입장에 선 어떤 증거를 내놓을 수도 없을 것입니다. 그저 우리 모두가 독서행위는 유익한 것이라고 믿으려드는 것이 아닌가 싶습니다. 우리의 이런 주장을 실증하기 위해서 매우 가치 있는 어떤 저작을 지적할 수는 있다고 생각합니다. 확실히 어떤 종교적인 저작은 감화되기 쉬운 인간의 행위에 여러 해 동안이나 대단한 영향을 미쳤으며, 이른바 명저라고 하는 셰익스피어, 호머, 단테, 그 외 우리가 알 만한 저자들의 저작들이 개인의 사고에 지대한 영향을 끼쳤습니다. 그렇지만 사고에 끼친 영향이 행동에 어느 정도 반영되었는가 하는 것은 전연 별개의 문제입니다. 여러분 중에 아무나 이 문제에 대해 재미 있겠구나 하시는 분이 있다면, 지금까지 자신의 독서를 돌이켜보고, 읽은 책 중에서 한 권의 책을 별도로 골라서, 그 책을 읽은 것이 자신의 어떤 행동양식에 실제로 영향을 끼쳤다고 할 수 있는지, 아닌지, 그리고 이 책을 읽은 덕분으로 변화된 행동을 하게 되었다고 분명히 밝힐 수 있는가를 말해 주셨으면 합니다. 이를 말하기란 대단히 어려운 일이란 것을 알게 되었으리라고 생각합니다. 전체적인 영향으로 본다면, 물론 여러분의 행동에 영향을 미친 독서경험이라는 것은 있을 수 있습니다. 그러나 특별한 한 사상을 내세워서 그것이 읽은 한 권의 책에서 나온 것처럼 대등하게 연관시킨다거나 이 책이 자신으로 하여금 어떤 행동방식을 하도록 했다거나 하는 식으로 말하는 것은 지극히 어려운 일입니다.

4.4 행동의 초보형태

물론, 행동의 어떤 초보적 형태를 들자면, 예컨대 "여기 놓여 있는 테이프 리코더의 설명서를 읽고서, 이 기계를 제대로 다루고자 할 때, 이 설명서는 확실히 나의 행동을 좌우한다."고 말할 수 있습니다. (그리고 내 자신이 확실히 알아야 할 사항을 읽어서 알고 난 연후에 내가 말하고자 하는 바를 알 수 있는 형식으로 테이프에 녹음을 해나가기를 바라고 있음을 덧붙여 말하지 않을 수 없습니다.) 그러나 여기서 말씀드리고자 하는 행동이란 이와 같은 것이 아닙니다.

4.5 학습

나는 사회적 관점에서 행동양식, 개인에게 영향을 미치는 행동양식, 그리고 나중에 이야기하겠지만, 사회를 통해서 전달되는 행동양식에 관해서 생각하고자 합니다. 여러 말할 것 없이 다잡아 말하자면, 개인적, 사회적 과정으로서의 학습에 대해서 이야기하고자 합니다. 배운다는 것은 도대체 어떠한 의미를 지니고 있는 것입니까? 나와 같은 사람들은 학생들에게 문헌정보의 전문직에 대해서 가르치고 있을 뿐만 아니라, 교육경험을 포함한 일체를 가르치는 데 전념하고 있습니다. 우리가 교육을 맡고 있는 학생 개개인을 위해서나 사회를 위해서나, 우리들은 무엇인가 유익한 일을 하고 있다는 생각하에서 하고 있습니다. 이러한 생각은 타당하다고 봅니다. 적어도 그렇지 않다고 입증할 만한 것이 없으니 말입니다. 그럼에도 불구하고 우리는 이러한 학습과정을 이해하지 못하고 있습니다. 하지만 독서행위는 그 자체가 바로 학습의 한 과정입니다. 어떻게 배우는지를 우리가 알지 못하고 있을 뿐입니다. 한대, 흰쥐가 미로에서 빠져 나가려고 쩔쩔매는 것을 보거나, 혹은 어떤 수수께끼를 우리 스스로 풀어보고 나서, 학습의 어떤 아주 초보적인 형태가 바로 이런 것이로구나 하고 분별할 수 있습니다. 그러나 이런 방식의 초보적 형태는 가장 낮은 기술적 수준의 학습입니다. 이와 같은 낮은 기술적 수준에서 우리가 고등교육에서 사용하고 있는 의미의 학습에로 이행하려고 할 때는 전혀 가당치 않은, 몹시 어설픈 처지에 서 있음을 깨달을 것입니다. 그럼에도 불구하고 또 이 일은 정녕 문헌정보사의 일인 것입니다. 우리들은 독자들이 이러한 책들을 읽음으로써 유익하리라는 생각에서 독자에게 책을 건네 줍니다마는 뇌와 눈, 인쇄된 언어 사이의 불가사의한 관계와 학습과정에 있어서 이런 것들의 역할이 아직도 일대 신비에 쌓여 있습니다.

4.6 타학문의 도움

분명히 여기서 제기한 문제들은 문헌정보사들만으로서는 해결할 수 없습니다. 여러분이나 나나, 또 우리의 다른 동료들도 신경외과의는 아닙니다. 또 우리들은 심리학자도 아닙니다. 이와 같은 근본적인 문제에 대한 해답은 우리들보다 훨씬 이 분야에 탁월한 식견이 있는 분들에게 기대하지 않을 수 없습니다. 하물며 타학문을 이렇게 도외시한 것이 이제까지의 문헌정보학의 최대 결점이었음을 말씀드리지 않을 수 없습니다. 문헌정보학은 사람들이 책을 어떻게 이용하며, 또 이와 같은 이용을 통해서 무엇을 얻는가에 관해서 어떤 기본적인 가정하에서, 바로 그것을 논거로 해서 발전해 온 것입니다. 이 가정은 경험으로부터, 즉 몇 세대에 걸친 경험에서 나온 것이 틀림없습니다. 그러나 경험이란 진리의 원천일 수 있는 것처럼 동시에 오류의 원천일 수도 있는데, 인쇄된 지면을 통해서 익히는 학습과정이 과연 무엇을 포함하고 있는지, 그것이 얼마나 효과적인 것인지조차도 누구한 사람 실제로 알고 있지 못합니다.

4.7 교육에 있어서 책의 역할

우리의 교육제도는 말할 것도 없이 항상 책 중심이었습니다. '항상'이라고 한 것은 기록이 있는 한의 먼 옛날부터라는 의미입니다. 적어도 서구사회에 있어서 교육은 책을 중심으로 하였습니다. 확실히 교육은 그것이 말로 이루어졌든, 필기로 이루어졌든 간에 커뮤니케이션의 한 과정입니다. 인쇄된 책은 오랜 시간 차를 넘어서 사상, 생각을 전하는 커뮤니케이션의 매체입니다. 일반의미론학자가 말한 바와 같이 책이란 '인간의 경험전달능력'인 것입니다. 즉 책은 지리적인 공간뿐만 아니라 시간을 초월할 수 있습니다. 이런 생각을 그만 접어두고서라도 랑거부인이 말한 바와 같이 그것은 참으로 중요한 발명임에는 틀림없습니다. 그리고 여러분이나 나나 책을 한 권 손에 들고 읽어 보면, 이제까지는 한 번도 만나 본 적이 없고, 우리가 태어나기 수백년 전에 이미 죽은 누군가가 말한 것을 거기서 그대로 찾아낼 수 있으며, 게다가 음성으로 나타내는 녹음방법의 훌륭한 수단을 통해서 우리들은 그 사람이 말을 했을 때 낸 말소리를 아주 정확하게 그대로 옮겨 쓸 수도 있습니다. 그래서 우리의 교육제도는 이러한 커뮤니케이션의 전체적인 개념 위에서 이루어져 왔습니다. 그리고 또, 이것은 아무래도 행동에 영향을 미칠 것이며, 우리들이 읽은 것 혹은 이야기한 것으로 인해서 보다 훌륭한 인간이 될 것이라는 가정하에 이루어진 것이며, 그리고 문헌정보관은 이러한 교육과정의 보충 이상도 그 이하도 아닙니다.

5. 사회 속의 문헌정보관

사회는 인간이 이룬 업적에 대한 기록을 장기간에 걸쳐 보호하고 이를 이용할 수 있게 하기 위해서 문헌정보관이란 것을 필요로 했습니다. 문헌정보관이 언제부터 생겨났는지는 모르지만, 현재 남아 있는 기록에는 문헌정보관이 아주 오랜 옛날부터 있었다는 것을 말해 주고 있습니다. 그러니까 문헌정보관은 고도로 세련되고 복잡화된 사회를 발달시키는데 불가결한 것이었을 것이고, 또 상대적으로 미개한 사회에 있어서도 그러했을는지도 모릅니다. 문헌정보관은 인간의 필요를 충족시켰으며, 즉 여기서 말하는 제일의 필요라고 하는 것은 전세대의 보람, 사상, 생각, 신념을 그 어느 세대로부터 다음 세대에로 이어주기 위해서 관리하고 보존하는 것이었다고 생각합니다. 이와 같은 모든 일들이 어떻게 일어났던 것일까, 물론, 그 자체가 미스테리입니다. 그러나 문헌정보관이란 개인에게 있어서나 사회에 있어서나 커뮤니케이션의 전과정에 있어서 중요한 부분으로 보지 않을 수 없으며, 문헌정보관의 출현 그 자체가 사회의 성숙을 보여 준 것이었다고 생각합니다. 사회가 고도로 세련되고 복잡해질 수록 그 사회의 조직은 더욱 더 복잡다단해지고, 그럴수록 사회는 문헌정보관을 더욱 필요로 하게 되는 것입니다.

6. 기본 과제의 검토

6.1 조잡한 도구

그러면 이상의 모든 사실들은 문헌정보사 자신에게 있어서는 무슨 의미가 있는 것인가? 나는 처음부터 문헌정보사는 인간과 필사기록물과의 사이에서 교량역을 하는 중개자라고 말했습니다. 이제 우리들은 종래에 해온 것보다도 더 훨씬 효과적으로 우리들의 도구라든지 운영수단을 개선해 나갈 수 있을 것입니다. 자료를 이용할 수 있게 한다거나, 자료를 조직하는 문제, 장서의 가치가 있는 자료들을 선정한다거나, 자료를 가장 필요로 하는 사람들에게 배포하는 문제들, 곧 이러한 문제들 중 그 어느 하나도 제대로 해결을 보지 못하고 있습니다. 지금 이런 문제에 대한 생각은 일단 접어두고서라도, 문헌정보관에서 쓰고 있는 도구가 상당히 개발되어 있다고는 하지만은 아직도 지극히 조잡하고 개발이 덜 되어 있다고 할 수 있습니다.

6.2 카드 목록

우리들은 주제명표목의 카드 목록을 가지고 있습니다. 사람들이 자료를 찾으려고 할 때 이 목록이 그 찾는 방법을 제공해줄 것이라는 생각하에서 작성한 것입니다. 사람들이 문헌정보관에 와서 어떻게 자료를 찾고 있는지, 또는 이러한 도구들 —주제명표목, 기입형식 및 한 제목의 특징적인 사항만을 목록한 서지적인 규칙 등— 이 이용자 개개인에게 얼마만큼이나 편리한 것인가를 알지도 못하면서 이런 일들을 하고 있습니다. 목록담당자가 책을 받으면 단체명기입, 무저자명기입, 그리고 동료인 다른 목록담당자 이외는 그 누구도 얼른 이해할 수가 없는 카드 목록상에 기재되는 기타 여러 양식 등, 이러한 아주 놀라운 일들을 척척 해낼 수 있다는 것을 여러분은 잘 알고 계시리라 생각합니다. 사람들이 문헌정보관 자료를 찾아보려고 할 때 바로 찾아보는 곳이 이와 같은 기입일 것이라고 우리가 어떻게 알지요? 이와 같은 기입이 문헌정보관 이용자들이 이용하고자 하는 것 중의 하나일 것이라고 어떻게 알아 낸 것인가요? 지금까지는 이런 일이 완전히 추측에 의해서 행해졌다고 나는 생각하고 있습니다.

6.3 참고정보봉사

　여기서 잠깐 참고정보봉사 문제를 살펴봅시다. 즉 아무리 간단한 문제라고 하더라도 개개 이용자를 위해서 찾아 주어야 하는 그 행위를 생각해 봅시다. 말하자면 여러분이나 나나 실무를 맡고 있는 문헌정보사로서 언제나 참고봉사 업무를 하고 있습니다. 이용자는 의중에 어떤 특정한 질문을 가지고 옵니다. 우리들은 그에 대한 답을 문헌정보관 장서에서 찾아낼 수 있으리라고 기대하면서 찾습니다. 물론 거의 대개는 그에 맞는 답을 찾아줍니다. 마땅히 그래야 하구요. 그러나 여기서 생각하건데 지극히 단순한 행위를 들어서, 거기에 있는 몇 가지 요소를 살펴봅시다. 우선 무엇보다도 문헌정보관에는 그 자체 소장 자료가 있습니다. 하지만, 문헌정보관장서에 없는 것을 찾아낼 수 없다는 것은 분명한 일입니다. 그다음은 자료조직, 소장자료에의 접근성, 그리고 이용자들의 편의를 위해서 이 조직을 설명해 주는 사람, 즉 바꾸어 말해서 참고정보사가 있습니다. 그렇다고 치면 문헌정보관측의 자원은, 즉 소장 자료, 자료조직 시스템 및 문헌정보사가 되겠습니다. 그러면 이용자 측은 어떻습니까? 물론 이용자는 의중에 그가 구하고자 하는 정보에 대한 특정한 질문이나 문제를 갖고 있습니다.

6.3.1 질문의 표현

이용자가 당면하는 최초의 문제는 그가 구하고자 하는 것을 말로 표현하는 능력입니다. 즉 문헌정보관의 체제를 알아서 해결하거나 참고정보사가 잘 알아 들을 수 있는 말로 그가 원하는 바를 표현하는 능력입니다. 우리들은 여기서 커뮤니케이션의 기본 문제에 부딪치게 됩니다. 커뮤니케이션의 기본문제란 언어에 의해서 표현되는 것이지만, 이미 말씀드린 바와 같이 언어는 다소 커뮤니케이션의 불안전한 수단입니다. 여러분 중에서 참고정보사를 해본 사람이면 이용자가 정말로 원하는 것을 찾아 주는 일이란 얼마나 고되고 힘든 일인가를 잘 알고 계시리라고 생각합니다. 그래서 우리들은 여기서 커뮤니케이션의 문제, 언어의 문제에 부딪치고 있는 것입니다. 즉 문헌정보관 이용자와 문헌정보관의 자료조직, 이용자와 참고정보사, 또는 이용자 및 참고정보사와 문헌정보관의 자료조직간의 커뮤니케이션의 문제입니다.

6.3.2 질문에 맞추어 찾아준 참고정보와 그에 대한 평가

물론, 그다음은 내가 앞에서 말한 바, 즉 제공된 참고정보의 문제입니다. 일단 커뮤니케이션이 이루어지고 이해가 되면 독자의 질문사항을 소장자료의 조직에서 찾아 주는 문제입니다. 이렇게 해서 찾아 준 최종결과, 즉 바로 그 제공자료에 대한 평가란 문제가 있습니다. 이용자가 받아든 자료가 이용자의 요구에 적절하고 타당한 것인가? 그리고 도대체 적절함이란 무엇이며 타당함이란 무엇인가? 참고정보봉사를 하는 과정에서 무엇보다도 제일 설명할 수 없는 것은 바로 그 문제와는 전연 당치도 않은 듯한 정보나 데이터에서 인간은 어떤 결정적인 것을 얻어내는 독특한 심리현상이 있는데, 곧 이 세런디피티(serendipity-우연히 뜻밖에 알아내는 능력)란 무엇인가 하는 것입니다. 이런 현상은 실로 어느 참고정보사라도 한두 번쯤은 경험해 본 것인데, 심리학자는 아직까지도 설명을 하지 못하고 있습니다.

참고정보봉사 과정의 복잡함은 아래 그림으로 표시한 바와 같이 도표로 가장 잘 설명이 될 수 있습니다.

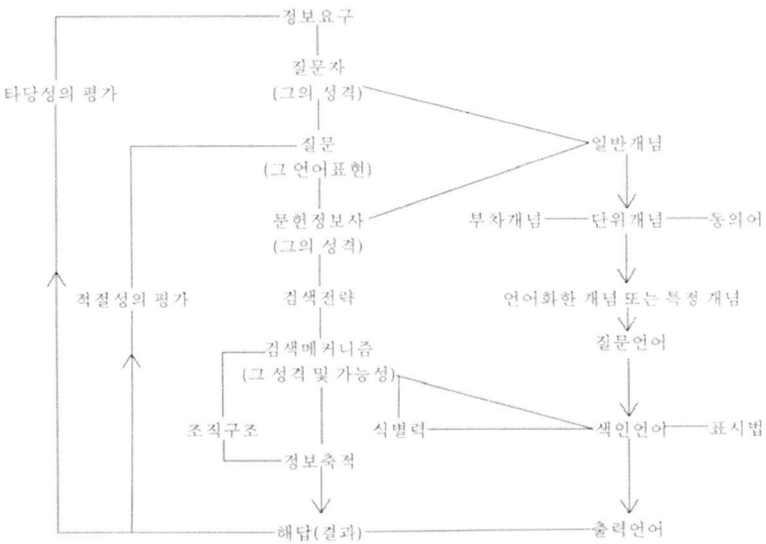

6.4 심각한 문제

이와 같은 참고정보봉사 과정의 아주 간단한 개요조차도 우리 문헌정보사들이 그것을 인정하기까지는 몇 세대를 거쳐 온 것을 볼 때, 이 문제가 실로 얼마나 복잡한 것인가를 말씀드릴 만도 합니다. 문헌정보관의 봉사방법이 어떤 것인가에 대해서, 그것은 지금까지 파헤친 그 이상으로 더 철저히 분석되어야 할 아주 절실한 필요성이 강조되고 있으며, 심리학, 신경학 및 조직론의 입장에서 문헌정보관의 과정을 해석해야 할 그런 필요성이 강조되어야 한다고 생각합니다.

7. 문헌정보관, 개인 그리고 사회

이 강연의 첫머리에서는 오직 개인에 관해서 말씀드렸습니다. 왜냐하면 문헌정보사의 일이 시작되는 것은 개인과의 관계에서 비롯되기 때문입니다. 그러나 사회는 다수의 개인으로 이루어진 것이므로 개인의 문제를 취합하여 이를 사회면에 접합시켰을 때 문헌정보관의 문제가 아주 대단히 복잡성을 지니고 있음을 쉽사리 알 수 있으리라고 생각합니다. 그러므로 다음 2회 강연에서는 화제의 중심을 개인으로부터 사회 ―개인이 바로 본질적인 요소가 되며, 매우 중요한 부분이 되는― 로 돌려 말씀드리고자 합니다. 그리고 여러분과 함께 문헌정보학의 사회학적 기반, 그리고 문헌정보사 자신도 바로 그 일원인 사회에 관하여 문헌정보사의 역할이 무엇인가를 고찰해 보려고 합니다. 바로 이 문제가 다음 회 강연의 초점이 될 것입니다.

〈참고문헌〉

1. Bruner (Jerome S), Goodnow (Jacqueline J), and Austin (George A). Study of thinking. New York; John Wiley, 1956.

2. Butler (Pierce). Introduction to library science. Chicago; University of Chicago Press, 1933.

3. Langer (Susanne K). Philosophy in a new key. Cambridge, Massachusetts: Harvard University Press, 1941.

4. Ong (Walter J). Presence of the word. New Haven; Yale University Press, 1967.

5. Platt (John R). Fifth need of man. (Horizon. 1; 1959, July; 106).

6. Polanyi (Michael). Tacit dimension. Garden City, New York; Doubleday, 1966.

7. Rapaport (David). Organization and pathology of thought. New York; Columbia University Press, 1951.

8. Shera (Jesse H). Dignity and advancement of Bacon. (Libraries

and the organization of knowledge). London; Crosby Lockwood, 1965. p.143.

9. Thorpe (Louise P) and Schmuller (Allen M). Contemporary theories of learning. New York; Ronald, 1954.

10. Von Neumann (John). Computer and the brain. New Haven; Yale University Press, 1958.

11. Walter (W Ray). Living brain. New York; Norton, 1953.

12. Waples (Douglas), Berelson (Bernard), and Bradshaw (Franklyn R). What reading does topeople. Chicago; University of Chicago Press, 1940.

13. Wooldridge (Dean E). Machinery of the brain. New York; McGraw-Hill, 1963.

14. Mechanical man: the physical basis of intelligent life. New York; McGraw-Hill, 1968.

15. Young (J. Z). Doubt and certainty in science. New York; Oxford University Press, 1960.

II. 문헌정보관과 사회

1. 문헌정보관은 사회의 창조물

　앞서 강연에서, 아니 정확히 말하자면 앞서 일차 모임에서 나는 문헌정보관과 개인과의 관계에 대해서 어느 정도 고찰해 보았습니다. 이 문제가 기본적인 것이라고 내가 생각하는 것은 문헌정보관과 개인 사이에서 문헌정보사가 일하고 있기 때문입니다. 하지만 당연히, 목표는 개인의 향상뿐만이 아니라 각 개인이 일원으로 되어 있는 사회의 개선에 있습니다. 더우기 문헌정보관 그 자체는 사회의 창조물인 것입니다. 따라서 문헌정보관의 개인에 대한 관계만이 아니라 사회에 대한 관계도 생각해 보지 않을 수 없습니다. 즉 문헌정보관이나 개인은 모두가 사회의 구성인자인 것입니다. 그러므로 사회질서안에서 문헌정보관의 위상에 대해 진지하게 생각하기 전에, 먼저 사회 그 자체의 성격과 구조에 관한 어떤 기본적인 정의부터 세워야 합니다.

2. 사회

2.1 정의

그러면 먼저, 사회란 무엇인가? 때로는 혼자만이 어디에 은거하거나, 잠깐 동안 모든 일을 의식적으로 무시해 버리는 경우를 제외하고는, 인간이란 고립된 상태에 있는 일은 거의 없다고 우리들은 알고 있습니다. 혼자 은거하는 사람을 전형적인 인간이라고 할 수 없습니다. 사람들의 행동에 대해서 우리가 알고 있는 모든 것, 지금껏 전해져 오고 있는 모든 기록, 현재 남아 있는 인류학상의 모든 증거들은 인간이 개개로서가 아니라, 집단으로서 연관되어 있음을 말해주고 있습니다. 아담과 이브의 이야기마저도, 이브가 뱀과 함께 있었다는 것은 잠깐 사이였고, 바로 자손이 생기게 된 것입니다. 그렇다면 사회란 무엇인가? 시카고대학교의 로버트 레드필드(Robert Redfield) 교수는 사회를 "모두가 널리 인정하는 방식에 따라, 각자의 이익을 위하고 서로를 위해서, 그리고 함께 일하는 사람들이 모인 곳"이라고 정의하고 있습니다. 이 말에 대해서는 여러 가지 정의가 있겠지마는 레드필드의 정의로서도 충분하다고 생각합니다. 바꾸어 말하자면, 즉 사회란 가족, 가계, 도시, 또는 국가, 아니 어떠한 구성으로 되어 있든지간에, 협력하는 개인의 집단이라는 것입니다. 이 논의에 대해서는 바로 다음 요지에서도 볼 수 있듯이, 원시사회에서 조차도 사회조직은 그 구성원들의 아주 복잡한 상호관계라는 것입니다.

2.2 문화

2.2.1 인류학적인 정의

이제, 사람들이 함께 모여 같이 일을 하고 있는 것이, 곧 사회라고 하는 개념에서 문화에 대한 인류학적 정의로 말을 옮겨 보고자 합니다. 문화란 여러 의미로 사용되는 말입니다. 예로서, 존 러스킨(John Ruskin)은 「문화와 무정부」라는 그의 글에서 "문화란 모든 정신능력의 완전하고 조화로운 발전이며, 이것은 바로 인간생활의 참뜻(眞義)과 아름다움을 만들어 내는 것"이라고 말하고 있습니다. 이 말이야말로 적절한 표현입니다. 그러나 여기서 생각하고 있는 문화의 개념에 꼭 들어맞는 말은 아닙니다. 문화란 말할 나위도 없이 대부분의 사람들에게는, 즉 적어도 우리들과 같이 이 세상에 살고 있는 사람들에게는 기품이라든지, 선행, 또는 사회적 사건과 활동에 있어서 어떻게 행동해야 할 것인가를 알고 있는 것과 같다고 생각됩니다. 이와 같은 생각은 인류학자들이 이 말을 사용하는 의미하고는 정말로 아주 다릅니다. 인류학적인 의미에서 문화란 말할 나위도 없이 19세기 말의 인류학자들에 의해서 독일어 'Kulture'란 말에서 나온 것이며, 문화에 대한 현재와 같은 의미를 부여한 것은 윌리엄 그레이엄 섬너(William Graham Sumner)등과 같은 여러 학자들이었습니다. 다시 한 번 레드필드 교수의 말을 빌리면, 문화란 "일반적인 이해의 조직화 내지 통합"인 것입니다. 또 다른 사람들은 문화란 인간의 이해와 신념의 총체라고도 말하고 있습니다. 인류학자의 문헌을 어느 정도 많이 읽어 보면, 이 용어의 쓰임은 저자가 속해 있는 인류학의 각 학파에 따라서 그 뜻이 얼마간은 달리 쓰이고 있음을 알 수 있을 것입니다. 견해가 서로 다른 인류학자끼리는 다소 상이한 해석이나 정의를 제시할 수 있으리라는 것쯤은 충분히 알고 있지만, 여기서는 우리들의 소용에 가장 적절하다고 여겨지는 것만을 말씀드렸습니다. 또한 내가 여기서 쓰고 있는 이 의미는 당면한 목적을 충족시키기에는 충분한 것이라고 믿고 있습니다.

2.3 문헌정보관과 문화

지난번의 논의에서, 나는 삼각형을 이용해서 문헌정보관을 문헌과 사람과의 관계로 말씀을 드렸습니다. 또한 여기서 문화와의 관계도 이 삼각형의 개념을 이용하여 말씀드려보고자 합니다. 이 새로운 삼각형의 제1변은 신념, 혹은 이론이라고 하겠습니다. 이것은 사회가 전개한 이론적인 구성

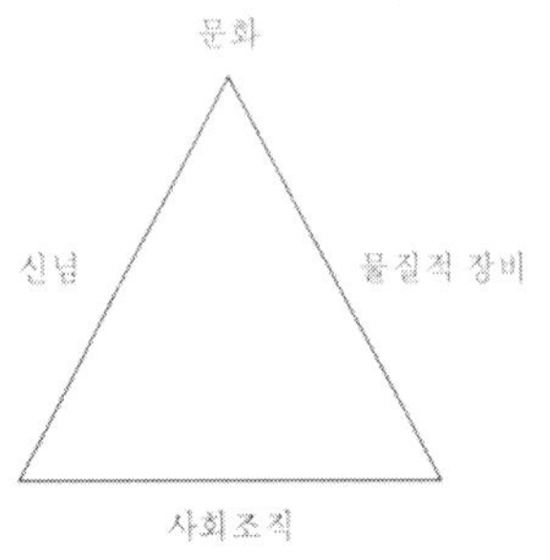

개념의 총체이며, 사회의 경험에서 나온 것으로, 철학적 체계나 이론적 체계를 형성하기 위해서, 혹은 인간이 타인과, 그리고 인간 자신이 처해 있는 우주 전체, 만족할 만한 지적 및 정신적 조화를 발전시켜 나가지 않으면 안되는 우주 전체와의 어떤 관계를 형성하기 위해서 연상한 것입니다. 사회의 관습에 의해서 행해지는 신념은 행위의 규범을 확립합니다. 삼각형의 제2변은 문화를 지탱하는 물질적인 장비라고 하겠습니다. 모든 문화, 심지어 원시문화조차도 도구를 가지고 있습니다. 석기시대에도 사람들은 돌도끼를 가졌습니다. 오늘날 우리들은 물론, 복잡한 전자기계장치를 가지고 있으며, 이러한 기계장치는 기술사를 배운 사람이면 누구나 알고 있듯이, 해가 갈수록 그 사회와 그 사회문화의 변해 가는 요구에 따라서 발전해 왔습니다. 그리고 삼각형의 제3변인 밑변은 사회조직 혹은 기관이라고 하겠습니다. 바꾸어 말하면, 즉 문화란 비조직적인 체계가 아니라는 것입니다. 문화란, 심지어 원시사회에 있어서까지도 매우 고도로 특수화 되어 있습니다. 여러분이 아시다시피, 이제 우리들은 여기서 문화의 세 가지 면을 들 수 있습니다. 이론 내지 신념 그것, 물질적인 장비, 그것을 통해서 문화가 전개되는 메커니즘과 문화가 이루어질 수 있고 사회가 기능을 발휘할 수 있는 사회기구, 즉 사회조직이라는 것입니다. 앞 쪽에 그림으로 표시한 것을 다시 한번 보게 되면 이해하는데 도움이 될 것입니다.

2.4 조화 없는 발달

그런데 문화의 이와 같은 세 가지 국면은 다소의 차는 있어도 조화를 이루어 나가면서 모두가 발전하는 것이 이상적입니다. 문화의 한 요소가 다른 한 요소를 지나치게 앞질러 갈 때, 각계 각층의 부적응과 혼란이 생길 수 있습니다. 오늘날 우리들은 이와 같은 현상을 아주 분명히 볼 수 있습니다. 물질적인 장비, 즉 우리의 기술은 이론적인 면이나 조직적인 면에 비해 훨씬 앞서 가고 있다는 생각이 듭니다. 우리들은 우리의 이론이나 기술을 충분히 이용할 수 있을 만큼 사회적으로 조직이 되어 있지 아니 합니다. 그래서 과학과 인문학과의 사이에서 생기는 이른바 의견의 불일치에 대해서 우리는 염려를 하고 있습니다. 실은 이러한 갈등이 없을 때, 과학과 인문학은 전체를 아우르는 한 부분이 되는 것입니다. 잘못이 있다면 그것은 우리 측에게 있고, 우리 문화의 불균형에 있는 것입니다. 이 점에 관해서는 아마도 다음 네 (IV) 번째의 강연에서 다시 말씀드리고자 합니다마는, 적어도 여기서 생각할 수 있는 것은 문화의 세 국면이 서로 제휴

해서 이상적으로 발전해 나가지 않으면 아니 된다는 것을 강조해 두고 싶습니다. 분명히 이 세 국면이 다 같은 속도로 나아갈 수는 없을 것입니다. 어느 정도의 차이는 항상 있게 마련입니다. 그러나 이 차이란 어느 한쪽으로만 지나치게 커져서는 아니 될 것입니다. 즉 삼각의자의 한 다리가 나머지 다른 다리들보다도 유난히 긴 것과 같은 꼴이 되어서는 아니 될 것입니다. 그렇게 되면 편히 앉을 수 없는 것은 말할 것도 없고, 우리 자신이 매우 흔들거리는 것을 느끼게 될 것입니다. 그런데, 문화의 제3국면은 바로 그 사회조직이며, 그 사회조직은 사회의 구성원인 개인들로 조직된 일정한 그룹으로 이루어져 있다고 말씀드렸습니다. 이와 같은 그룹은 문화 중에서 하위문화일 수도 있고, 제도일 수도 있고, 혹은 기관일 수도 있습니다. 그러나 이것은 모두가 그 사회의 문화 속에서 창출된 것입니다. 바로 이제는 제도에 대해서 말씀드리고자 합니다.

2.5 제도

2.5.1 사회를 이루는 구성요소

제도는 이미 인류학자나 사회학자에 의해서 여러 가지로 정의가 내려져 있습니다. 여기서 내가 제도와 기관을 굳이 구별하고자 하는 것을 여러분은 아실 것입니다. 이러한 구별은 인류학이나 기타 사회과학의 문헌에서 항상 볼 수 있다고는 할 수 없습니다. 그렇지만, 내 생각으로서는 이 구별을 확실히 해 두는 편이 더 좋으리라고 생각합니다. 이 의견을 받아들이느냐 안 받아들이느냐 하는 것은 여러분의 판단 여하에 달려 있습니다. 제도란 사회적 창조물, 즉 말하자면 사회적 수단이며, 이를 통해서 문화는 이루어지고 보존됩니다. 그것은 사회구조, 특히 문화구조의 기본적인 구성요소입니다. 이와 같은 제도는 대단히 큰 힘을 가지고 있습니다. 실은 원시사회에 있어서까지도 그들은 행동의 규범을 정해 놓고, 그에 따라 상을 주고 벌을 내립니다. 그 중에 한 사람이 위험을 무릅쓰고 이 규범을 어기게 되면 사회적 신분은 물론, 생명까지도 걸게 됩니다. 제도란 그 사회조직상에 투영된 문화의 신념에 대한 아주 기본적인 반영입니다. 그것은 사회를 결합시키는 기본적인 힘이라고 말할 수 있으며, 이 힘이 없이는 그 사회는 붕괴되어 버리거나, 바로 문자 그대로 해체되고 말 것입니다.

2.5.2 사회의 한 제도로서의 가족

가족, 혹은 근친의 범위에서 가족과 혈연관계를 더 확대한 뜻으로서의 일가(一家)는 사회제도의 하나의 좋은 예입니다. 종교도 그 한 예이며, 법제도 그러한 한 예입니다. 지식 또는 교육 ―얼핏 이에 맞는 적절한 용어가 생각나지 않지만— 즉 문화에 있어서 효과적인 행동을 취하기 위해서 알아야 할 것으로 생각되는, 즉 앎의 과정도 이미 사회제도의 그 한 예입니다.

2.6 기관

그러면, 기관이란 도대체 무엇인가? 여기서 나는 인류학의 여러 사상가들과는 약간 다른 견해를 가지고 있습니다. 내가 말하는 기관이란 역시 하나의 사회적 수단을 말하며, 그것은 제도를 이롭게 하기 위해서 만들어진 것입니다. 그것은 바로 기관을 통해서 제도가 시행되는 수단을 말합니다. 법은 하나의 제도이고; 법원은 이에 따른 기관이라고 말씀드렸습니다. 종교도 하나의 제도이며; 교회는 그 기관입니다. 교육 또는 지식이 하나의 제도라면; 학교, 대학 및 문헌정보관도 기관입니다.

2.7 문헌정보관은 사회제도인가?

이렇게 볼 때, 나는 문헌정보관이 하나의 사회제도라고 말하는 분들과는 견해를 조금 달리합니다. 실은 다음 그림표에서 볼 수 있는 바와 같이 나는 일종의 연속체라고 봅니다.

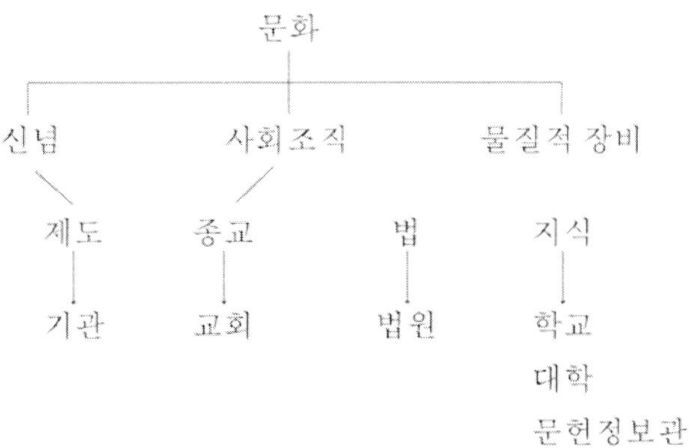

지금부터 30여 년 전쯤 로이드 브이. 발라드(Lloyd V. Ballard)는 「사회제도」라는 책을 썼으며 —그는 이 책에서 나보다도 훨씬 넓은 의미로 이 말을 해석했습니다.— 그리고 여기에 문헌정보관을 사회제도라고 다룬 한 장(chapter)을 실었습니다. 또 로우 마르틴(Low Martin)은 「라이브러리 쿼터리 (Library Quarterly)」의 1937년 10월호에 사회제도로서의 문헌정보관이란 글을 발표했습니다. 이 두 편의 글이 실제로는 문헌정보사들로 하여금 이 말을 쓰게 한 원전이 된 것입니다.

2.8 문헌정보관은 하나의 사회기관이다.

문헌정보관이 하나의 제도라고 하기보다는 오히려 기관이라고 하는, 즉 하나의 사회적 기관이라고 생각하고 싶습니다. 왜냐하면 가족, 종교, 법 등등과 같은 대개념과, 그리고 이 개념의 기본적인 기초가 되는 신념을 충족시켜 나가야 할 책임을 지고 있는 기관과의 사이에는 명백한 차이점이 있다고 나는 생각하기 때문입니다. 그렇지만 앞서 말씀드린 바와 같이 이것을 받아들이느냐 안 받아들이느냐는 여러분의 의향에 달려 있습니다. 적어도 이것은 한 개인의 견해일 따름입니다. 그래서 문화, 사회, 그리고 여기서 비롯되어 사회의 조직을 이루고 있는 제도나 기관에 대한 개념에 관해서는 이 정도로 말씀을 드리고자 합니다.

3. 역할

3.1 개인과 사회

따라서 우리들은 여기서 역할이라는 문제를 거론하게 됩니다. 셰익스피어는 전세계가 무대이고, 인간은 그 누구나 자기 일생 동안 많은 역을 연출하게 되는 것이라고 말했습니다. 사회와 같은 복잡한 구성체 속에서는 서로 다른 사람들이 서로 다른 일을 한다는 것은 당연합니다. 레드필드는 사회란 사람들이 서로를 위해서, 서로에 의해, 서로가 함께 일하는 곳이라고 말했습니다(1.1 참조). 그렇다면 역할이란 각 개인들이 맡아서 해야 하는 일들을 총칭한 것입니다. 이와 같은 역할은 고도로 조직화되고 전문화되면서 복잡한 양상을 띄게 되고, 복잡한 사회조직이 되었는지도 모르겠습니다. 즉 역할이란 이렇게 볼 때 사회조직 혹은 문화의 일부라고 하겠습니다. 그런데 역할이란 지극히 일반화된 아주 넓은 의미이기도 합니다. 사회가 복잡미묘해 갈수록 역할도 훨씬 전문화되어 갑니다. 정말 문화의 물질적인 장비가 복잡해지고 착잡해질수록, 또는 기초가 되는 이론과 신념의 체계가 복잡해질수록, 그에 따라서 고도로 전문화된 역할이 그만큼 더 필요하게 되는 것은 물론입니다. 물론, 기사라고 우리들이 부르는 분들이 있습니다. 그러나 우리들은 다시 이분들을 토목기사, 전자기사, 화공기사 등등으로 부릅니다. 이 사람들은 모두가 아주 전문화된 역할을 맡고 있으며, 어느 한 전문영역에서, 또는 자기가 맡고 있는 각자의 역할에서 전체의 성취를 위해 각자가 기여하고 있는 것입니다.

3.2 상황에 따른 변화

개인은 그룹의 동의하에 어떠한 특수한 역할을 맡거나 소임을 지게 됩니다. 그런데 개인은 셰익스피어가 말한 바와 같이, 일생 동안 많은 역할을 담당하게 됩니다. 평소에 교사이신 분의 이야기를 해봅시다. 교사로서의 임무를 마치고 가족이 있는 가정으로 돌아가면, 그 소임은 부차적인 것일 뿐, 그는 교사로서의 공적인 역할을 떠나서, 남편이 되고, 아버지가 되며 지역사회의 일에 적극 참여하는 주민이 되는 것입니다. 또 어느 면에서 이런 일을 많이 해야 할지도 모릅니다. 교사들은 지역사회 봉사의 여러 중요한 일에 자주 참여해야 할 것입니다. 이러한 역할은 개인에게 있어서나 사회에 있어서나 끊임없이 변해가고 있습니다. 이런 역할은 대(對)개인면에서 지극히 변화무궁할 뿐만 아니라 대(對)사회면에서도 또한 그렇습니다. 이에 대한 어떤 기능을 잃게 되면 역할은 끊임없이 도태되어 버립니다. 예컨대, 미국에서는 대장장이의 역할이 사실상 사회에서 소멸되어 버렸습니다. 현재는 편자를 꼭 달아야 할 말들이 그리 많지가 않기 때문입니다. 자동차를 만드는 일에는 대장장이가 할 만한 일이 없습니다. 이렇듯 물질적인 장비가 변화함에 따라서, 그것에 관련된 역할도 변하게 됩니다. 신념의 실체가 변화됨에 따라서, 문화의 그 부분에서도 또한 변경이 있게 되며, 그것과 관련해서 역할도 변화합니다. 전시스템이 인간의 동작, 행동, 행위의 변화무궁한 넓은 바다인 것입니다.

3.3 제도와 기관

제도나 기관은 다 같이 제각기의 역할을 갖고 있습니다. 그래서 문헌정보관도 문헌정보관의 특수한 역할이나 혹은 그외 역할들을 가지고 있습니다. 그런데 문헌정보관의 이와 같은 역할도 또한 변화할 수 있는 것입니다. 오늘날 우리들은 이러한 변화를 눈 앞에 두고 있다고 생각합니다. 그러나 이 문제에 대해서는 다음번 논의에서 다시 말씀드리기로 하겠습니다. 기관의 역할은 비교적 쉽게 변할 수 있습니다. 하지만 비교적이란 말을 잊어서는 아니 됩니다. 사회의 변화는 있을 수 있는 일이라 하더라도, 그렇게 쉽지는 않습니다. 어느 한 변화에는 언제나 어려움이 있는 것입니다. 커다란 사회적 동요나 사회적 혼란의 시기에는 제도의 역할마저도 변할 수 있습니다. 이런 경우에는 사회에 지극히 중대한 변천을 가져오게 합니다. 제도란 실로 강력한 것이어서 제도의 역할이 거부되거나 외부로부터의 어떤 간섭에 굴복하게 되는 지경에 이르는 사회라면, 그 사회구조 전체는 아마도 뒤집혀질 수밖에 없을 것입니다. 일종의 물질적인 파국, 전쟁, 또는 기타의 엄청난 격변이 제도의 역할에 반영될 수도 있고, 제도 그 자체가 거부되거나, 폐기될 수도 있을 것입니다. 물론 이와 같은 변화가 사회과학 분야를 정확히 기술할 수 없을 정도로까지 복잡하게 하고 있으며, 따로 분리시켜서 생각할 수도 없게 하는 하나의 이유인 것입니다. 사회를 실험관 속에 집어 넣고, 화학반응을 지켜 보듯이 측정할 수는 없는 노릇입니다. 그래도 이와 같은 문화의 변천은 사회를 이해하는데 지극히 기본적이고도 중요한 일이어서, 이 일을 해내지 않으면 안 되는 우리로서는 다소의 제약이 있다고 하더라도 우리가 할 수 있는 한, 이런 문제들을 고찰해 보지 않으면 아니 됩니다.

4. 커뮤니케이션과 문화

4.1 결합력

　그러면 이와 같은 아주 복잡한 구조 내지 시스템이 어떻게 같이 유지되고 있을까요? 그것은 언어에 의해서 다 같이 유지되고 있는 것입니다. 나는 1차 강연 때 개인에 있어서 언어를 논의했었습니다. 물론 언어에 대한 이해는 개인으로부터 시작하지 않으면 아니 되기 때문입니다. 개인은 무엇보다도 먼저 자기 자신과 의사소통을 하지 않으면 아니 됩니다. 인간이 언어를 갖지 않았다면, 실제로 사고할 수 있었을는지에 대해서 상당한 논의가 있었으리라고 봅니다. 인간의 두뇌는 무엇인가를 생각하는 것이지만, 생각하는 수단이 없으면 아니 됩니다. 바로 언어가 생각하는 바탕을 주는 것입니다. 나는 두뇌를 마법의 직기라고 말한 적이 있습니다. 곧 언어는 실이고, 이 실을 가지고 두뇌는 갖가지의 문양의 직물을 짜내는 것입니다. 사회에 대해서도 같은 말씀을 드릴 수 있습니다. 그것은 사회가 개인과 마찬가지로 하나의 유기체인 까닭입니다. 우리들의 신체에는 여러 가지 특수한 메커니즘이 있어서, 거기에는 특수한 기능과 특수한 역할이 있습니다. 이러한 메커니즘은 언어의 도움을 받아 움직이는 신경생리 시스템의 과정에 의해서 다 같이 유지되는 것입니다.

여기서 우리는 사회와의 거의 완벽한 유사점을 찾을 수 있습니다. 그래서 언어는 커뮤니케이션 시스템의 성립 또는 개인에게 있어서 필수불가결한 것처럼 사회조직에 있어서도, 문화에 있어서도 빼놓을 수가 없는 것입니다. 실제로 언어의 존재 없이는, 또 전체를 하나로 결합시키고 있는 커뮤니케이션 시스템 없이는 문화를 생각할 수 없는 것이라고 말하는 인류학자도 있습니다. 앞서 강연에서 말씀드린 바와 같이 이 시스템을 통해서, 시스템의 구성요소인, 즉 사회를 이루고 있는 사람들은 어느 정도 이와 똑같은 생각을 마음속에 갖게 됩니다. 그래서 언어는 하나의 커뮤니케이션 시스템으로서 곧 문화를 이해하는데 있어서 기본적인 것입니다.

5. 언어

5.1 정의 1

그러면 언어란 도대체 무엇인가요? 어떤 의미에서는 같은 질문을 여기서 되풀이 하는 것 같습니다. 그러나 개인과 사회의 양쪽을 다 말하게 될 때, 커뮤니케이션의 문제는 대(對)개인, 대(對)사회 관계의 양면에서 곧 바로 거론이 되는 것입니다. 그래서 어느 정도는 중복되기도 하고 되풀이 되지 않을 수 없습니다. 인류학자들의 의견으로서는 언어란 무엇인가요? 이에 대한 가장 훌륭한 정의는 미국의 저명한 인류학자 멜빌 제이. 허스코비츠(Melvil J. Herskovits)의 정의라고 생각합니다. 그는 언어란 "임의로 만들어진 기호와 음성상징의 한 체계로서, 이것에 의해서 사회 그룹 혹은 문화의 성원들간에 상호영향을 주거나 협력할 수 있는 것"이라고 말합니다. 바꾸어 말하자면, 즉 그것은 상징에 의한 표현의 한 시스템으로서 그룹의 성원에 의해서 받아들여지고 이해가 되는 것이라고 말할 수 있겠습니다. 이러한 상징은 음으로 되어 있을 수도 있고, 문자로 되어 있을 수도 있고, 말 아닌 다른 것으로 되어 있을 수도 있습니다. 신호언어, 즉 손짓 언어 —인류학자들이 제스쳐 혹은 몸짓 운동이라고 하는— 는 커뮤니케이션의 아주 강력한 채널 (channels)이 될 수 있는 것입니다. 이런 것들은 또한 커뮤니케이션 시스템의 일부입니다. 그리고 넓은 의미에서 언어는 상징에 의한 표현 시스템이며, 우리가 사는 지역사회에서 받아들여지는 어떤 형식을 지닌 구조인 것입니다. 그래서 기관이 구조체를 이루는 구성요소라고 한다면, 제도와 문화는 그 구조이고, 역할은 구조체의 구성요소에 맡겨진, 또는 주어진 기능이며, 언어는 그것을 한데 동여 매는 힘, 말하자면 모두를 함께 결합시켜 구조체의 모양 그대로 굳히게 하는 시멘트라고 말할 수 있습니다.

5.2 정의 2

여기서 잠깐, 언어에 대한 복잡다의한 정의를 들어 보고자 합니다. 이것을 소개하는 이유는 다만 한 번쯤 흥미를 가져 보자는 것뿐입니다. 그래서 지금 말씀드리려고 하는 언어의 정의는 몇몇의 사회철학자와 인류학자들이 자기들의 용어에 완전히 사로잡혀 버린 극단적인 예입니다. 그러면 여기서 찰스 모리스(Charles Morris)가 그의 저서 「기호, 언어, 행동」이란 책에서 말한 언어의 정의를 들어 보겠습니다. 그에 의하면 언어란 "개인간의 의의요소를 갖는 일렬의 복식상황의 기호로서 해석자집단의 각 성원에게 공통적인 것이며, 이 기호는 해석자집단에 의해서 생겨날 수 있고, 여러 가지 점에서 결합될 수 있으나 어떤 경우에는 복합기호를 구성하지 못한다."고 말하고 있습니다. 여러분, 글쎄, 여기서 내가 많은 액수의 돈 내기를 걸고서라도 말하건대, 나의 오랜 친구인 랑가나단 박사는 아주 개괄적이고 논리정연하게 최선을 다 했을 것이며, 이같이 명확성이 결여된 이야기는 하지 않았을 것입니다. 그렇다고 하더라도 이 정의에 대해서 잠깐 생각해 본다면 ―물론 내가 이렇게 떠들고 있는 것을 듣고 곧바로 이해하기란 쉬운 일은 아니지만― 근본적으로 언어란 기호표시의 시스템에 지나지 않는다는 것이 그 원뜻임을 알 수 있을 것입니다. 그것을 사용하고 있는 그룹에게는 의미를 갖는 것이며, 그 그룹 성원들에 의해서 만들어질 수 있고, 그리고 아주 복잡하고, 추상적인 개념이나 생각을 만들어 내기 위해서는 어떤 방법으로 조합시킬 수 있는 것이라는 말에 지나지 않습니다. 이상이 모리스가 말하고 있는 것의 전부입니다.

6. 언어와 문헌정보관

6.1 언어의 사용

그렇다면, 이 언어가 문헌정보직에 왜 중요한가요? 언어가 이 문헌정보직에 가장 중요하다고 하는 것은 무엇보다도 문헌정보관이 하나의 커뮤니케이션 기관이라는 단순한 이유 때문이라고 생각합니다. 즉 문헌정보관은 전커뮤니케이션 시스템의 일부이어서, 당연히 언어에 크게 의존하고 있습니다. 사람은 언어라는 요소를 떨쳐버리고 살 수는 없습니다. 문헌정보관의 기법, 주제명표목이나 분류 시스템을 다루는 것도 바로 이 언어에 의해서입니다. 이러한 점을 생각하면, 분류체계란 도대체 무엇인가에 대해서, 단지 언어의 한 형식이라고 말씀드릴 수 있을 것입니다. 이것은 커뮤니케이션의 한 방식이며, 표현의 한 방식입니다. 일정한 것을 나타내기 위해서, 단순히 일정한 숫자나 문자 및 기호가 쓰이고 있다는 이유뿐이지, 이것을 쓴다고 해서 분류가 커뮤니케이션

매개로서, 언어로서의 성격을 잃었다고는 할 수 없습니다. 수학 자체도 일종의 언어입니다. 그것은 어떤 다른 방식으로는 쉽게 표현할 수 없음으로 그래픽 형식(graphic form)으로 사람의 생각을 소통케 하는 한 수단인 것입니다. 아무리 간단한 수학문제라도 그것을 글로 써서 풀려고 한다면 전연 어찌해 볼 도리가 없다는 것을 이제 곧 알게 될 것입니다. 수학이란 수학자들이 바라는 바의 일종의 수학적 계산을 풀어 나가기 위해서는 순전히 임의적이고 인위적인 언어의 전개 없이는 그다지 성공할 수 없습니다. 이러한 기호는 사실상 많은 실례에서 볼 수 있듯이 추상적이어서, 그것이 지니는 바는 거의 뜻이 없습니다. 셋이란 숫자는 그것이 세 개의 사과이든, 세 개의 밀감이든, 혹은 세 마리의 말이든, 세 대의 자동차이든, 그 어느 것이라도 셋인 것입니다. 이 기호가 나타내는 것은 수학자의 문제풀이에 관한 한, 별로 어떤 의의를 갖지 못합니다. 그 유일한 의의라고 한다면 서로를 관련시켜 주는 것을 들 수 있으며, 이 기호를 가지고 할 수 있는 일은 상호간의 관계를 맺어 주는 일입니다. 그래서 이 수학기호가 순수수학에서 말하는 본질적인 내용으로서가 아니라 책의 주제내용을 기술하기 위해서 사용이 될 때는 수학기호란 언어와 별로 다를 바가 없습니다.

6.2 언어의 이해

　그러면 문헌정보학을 배우는 학생으로서, 우리들은 의미론의 문제, 언어의 성격, 의미의 성질을 제대로 완전히 이해하지 않으면 아니 됩니다. 왜냐하면 문헌정보관의 내용을 설명하고, 개개의 이용자에게 이것을 이용하게 하는 것은 의미를 통해서이며, 문헌정보관의 이용자가 대출 받은 자료를 이용하는 것도 의미심장한 어의(語義)해석을 통해서이기 때문입니다. 이와 같은 기본적인 중요성에도 불구하고, 문헌정보사들은 자기들의 일 중에서 언어의 중요한 역할에 충분히 주의를 기우리지 않은 것 같습니다. 문헌정보사들이 해온 일이란 대개 그때 그때의 일시적이고 일반적인 방법으로 주제명표목이나 동의어 및 어휘의 통제에 대한 필요성에 관해서 부질없이 떠들어 온 것뿐입니다. 그리고, 한편 커뮤니케이션의 과정에 있어서 언어의 성질, 또 다른 한편으로는 커뮤니케이션의 기관으로서의 문헌정보관에 관계된 언어의 성질에 대해서 참다운 이해가 그만큼 요하는데도 거의 관심을 기우리지 않은 것 같습니다.

7. 커뮤니케이션 시스템

7.1 기술의 진보

그러면 커뮤니케이션 네트워크 그 자체를 이야기해 봅시다. 여러분께 이 문제를 아주 상세하게 말씀드릴 필요는 없으리라 생각합니다. 여기서 또 다시 우리는 문화의 물질적 장비, 즉 문화의 기술이라고만 보아 넘길 수 없는 중대한 현상에 곧 바로 직면하게 됩니다. 즉 천년 이상이나 걸려서 인간의 모험심을 성취시킨, 특히 요근래의 수십년 동안에 이룬 커뮤니케이션 기술상의 대단한 진보, 바로 이 엄청난 발전에 대해서 여러분께서는 다 알고 계시리라고 생각합니다. 봉화나 북소리의 신호로부터 통신위성에 이르는 모든 과정은 실로 커다란 도약입니다. 오늘날에 와서는 여러분이 지금 살고 계시는 곳으로부터, 그리고 나는 거의 지구의 반 바퀴나 떨어져 있는 미국에 앉아서, 아주 눈 깜짝할 사이, 아니 빛이 지나가는 찰나에 여러분이 실제로 하고 있는 일을 바로 그 순간에 내가 볼 수 있다는 것은 하등 이상할 것이 없는 사실로 되어 버렸습니다. 만일 지금 이 순간에도 위성으로 연결만 되어 있다면, 나는 여기 내 책상 앞에 앉아서 마치 우리 모두가 한 방에 앉아 있는 것 같이 여러분과 이야기할 수 있습니다. 지금 이렇게 녹음을 이용해서 내 강연을 할 수 있는 기술만 하더라도 내가 쓴 연설문을 누군가 다른 사람이 그대로 여러분께 읽어 드리는 것보다는 좀더 친밀감을 느끼실 것입니다. 현대문화의 기술면에서 보면, 아마 어떠한 커뮤니케이션의 형식도 전적으로 가능할 것입니다. 다만 문제는 경제성에 있습니다. 미국에서는 흔히 텔레비전 토론을 갖는데, 참가자의 한 사람은 미국에, 또 한 사람은 런던에, 또 다른 한 사람은 파리에 앉아서 이 세 사람이 동시에 같이 이야기하는가 하면, 시청자들은 자기 집에 편히 앉아서 그들이 주고 받는 토론을 텔레비전 화면을 통해 빼놓지 않고 보고, 또 지적인 감흥을 같이 느끼기도 합니다. 화면분할의 기술을 이용해서 모든 참가자를 동시에 볼 수 있게까지도 되어 있습니다. 사람의 귀로 들을 수 있는 한계를 벗어나서, 목소리의 힘이 미칠 수 있는 한계를 벗어나서, 인간의 시야를 벗어나서는 커뮤니케이션을 할 수 없었던 그런 시대로부터 생각한다면, 실로 지금은 대단한 격세지감마저 듭니다.

7.1.1 문헌정보관에 미친 영향

이와 같은 커뮤니케이션의 진보가 문헌정보관에 어떠한 영향을 미칠 수 있는가에 대해서 생각해 볼 수 있지만, 이런 문제는 나중에 논의하기로 하겠습니다. 그러나 여기서 생각해 두지 않으면 안 될 중요한 일은 사회가 아주 중대한 변화, 아니 굉장히 큰 변화를 겪고 있으며, 문헌정보관도 이러한 변화의 흐름 속에 있다고 확신합니다. 이 변화는 문헌정보관이 제공할 수 있는 봉사, 곧 이러한 봉사를 제공할 수 있는 방법, 문헌정보관 자체 기술의 진보에 대해서, 그리고 전적으로 문헌정보직이란 무엇인가라는 기본이론에 대해서 굉장히 중요한 것일 것입니다.

7.2 시스템의 요소들

7.2.1 발신자와 수신자

그렇다면 여기서 커뮤니케이션 시스템의 구성요소에 대해서 우리의 주의를 환기시켜 봅시다. 어떠한 커뮤니케이션 상황하에서도 발신자와 수신자가 분명히 있게 마련입니다. 우리가 서로 같이 이야기할 때 우리는 성대를 통해서 일정한 발성음을 내게 되고, 이것이 듣는 이의 고막에 충격을 주게 되는 것입니다. 어느 의미에서는 이것은 가장 만족할 만한 커뮤니케이션의 방법이라고 말할 수도 있겠지만, 또 다른 의미로서는 지극히 만족할 수 없는 방법이기도 합니다. 무엇보다도 이 방법은 의사소통을 하고 있는 두 사람 사이에 말하고, 듣는 상호작용을 가능하게 합니다. 듣는 측이 이해하지 못한 것을 말하는 측에서 설명을 할 수 있습니다. 그렇지만 이와 같은 커뮤니케이션의 형식은 무슨 녹음장치가 없는 한 아주 만족스럽게 될 수는 없습니다. 즉 그것은 완전히 일과성인 까닭입니다. 말로 한 것은 어디까지나 말로 한 것일 뿐, 그것은 그냥 지나간 시간 속으로 사라져 버리고, 망각의 저쪽으로 사라지고 마는 것입니다.

7.2.2 수단

인간이 커뮤니케이션을 연구하고 커뮤니케이션 시스템을 개발해 온 것은 단순한 개인 대 개인의 회화에 있어서 그 유효성을 개선하기 위해서, 즉 범위를 확대하고, 질을 향상시키고, 오해를 없애고, 명확성을 지키면서, 중복을 피해 가면서, 어느 정도 영속성을 실현시키기 위해서 이러한 수단을 꾸준히 추구해 온 것입니다. 나는 일반의미론 용어에서 말하는 '인간의 경험전달능력' 즉 공간과 시간을 뛰어 넘는 능력에 관해 말씀을 드렸지만, 이 설명을 제대로 하기 위해서는 커뮤니케이션 시스템에 있어서 제3요소인, 즉 기관, 미디어, 혹은 수단에 대해서 말씀을 드리지 않을 수 없습니다. 원시적인 커뮤니케이션 시스템에 있어서는 북이라든지 봉화 같은 것이 초기의 미디어이었고, 이것은 사람의 목소리보다도 더 널리 사용되었습니다. 그러나 누구도 이 봉화나 북소리를 상대로 말을 나눌 수가 없음은 물론입니다. 그래서 어떤 종류의 일정한 임의의 신호를 만들어서 통화를 하는 사람들끼리 이해할 수 있게 하지 않으면 안 되었습니다. 물론 여기서 우리들은 일종의 형식언어를 갖게 되지만, 이 언어는 정보의 전달이라는 점에서는 바로 능력에 한계가 있습니다. 그래서 인간은 여러 가지 기교나 기술을 구사해서 이 과정을 훨씬 더 넓혀서 영속성 있는 조처를 강구할 뿐만 아니라, 정보를 운반할 수 있는 운반능력을 증진시킬 수 있도록 애써왔습니다.

7.2.3 커뮤니케이션의 발전

영속성을 지니기 위한 초기의 형태는 말할 나위도 없이 필적의 개발이었으며, 그림기호의 어떤 것에 의해서 상징적 의미를 전하는 이 방법의 발달은 남프랑스나 스페인의 동굴벽화 등과 같은 여러 가지 수법으로부터 상형문자, 표음문자, 다시 오늘날의 컴퓨터 언어로 까지 이어져 오게 된 것입니다. 이미 여러분에게 다 잘 알려져 있는 사실이겠지만, 인간의 커뮤니케이션을 기록하고 인간의 경험전달능력을 증대시키기 위해서 필기를 비롯해서 또 다른 기계에 의한 방안을 발전시켜 왔습니다. 이런 것은 직접 관계가 없는 요소로서, 메시지에 대해 잘못을 일으킬 기회를 증가시키고 있습니다. 이러한 중간요소가 복잡해지면 해질수록 커뮤니케이션 시스템에는 엉뚱한 말이나 혼선이 생길 기회가 더욱 더 많아지고, 그럴수록 미디어는 자칫 불명확한 메시지가 되기 쉽습니다.

7.2.4 네 가지 기본요소

그래도 여전히 여기에는 네 가지의 기본요소가 있습니다. 즉 전달자, 커뮤니케이션의 미디어 —이것이 충격전파이든 공기파동이든간에— 수신자, 그리고 마지막으로 제4요소인 메시지 자체를 들 수 있습니다. 메시지가 커뮤니케이션 행위에 있어서 아주 중요하다고 말하는 것은 정말로 과장된 말이 아닙니다. 메시지란 바로 커뮤니케이션 행위를 전제로 하는 것입니다. 곧 커뮤니케이션의 모든 행위는 모두 여기서 시작됩니다. 그래서 또 한 번 언어의 문제, 이해하는 문제, 동감에 이르는 문제 등을 곧장 다시 거론하게 됩니다. 왜냐하면 메시지 자체가 하나의 몸짓이든, 떠드는 말이든, 필기어이든, 어떤 종류의 기호이든, 혹은 그밖에 무엇이든 지간에 어떤 상징적인 형식으로 명확하게 표현되지 않으면 아니 되기 때문입니다. 여기서 그대로 요약을 한다면 커뮤니케이션 시스템에는 네 가지의 기본요소, 즉 발신자—전달자—, 미디어, 수신자, 메시지가 있음을 알 수 있습니다.

8. 문헌정보관과 커뮤니케이션

8.1 미디어로서의 문헌정보관

그러면 이와 같은 분석에 따르면 문헌정보관은 어디에 해당되는 것일까요? 논할 것도 없이, 문헌정보관은 미디어의 한 형태입니다. 이유는 간단합니다. 메시지는 책에 기록되어 있고, 그 책은 문헌정보관에 보관되어 봉사를 하게 되는데, 이때 여기서 말씀드리는 커뮤니케이션 행위의 기본 성격에는 아무런 변화가 없는 것입니다.

8.2 전형적인 질문

그러므로 커뮤니케이션의 심리적 의의를 면밀히 고찰해 보지 않으면 아니 되겠습니다. 커뮤니케이션에 대해서 오래 전부터 갖고 있는 문제, 즉 커뮤니케이션을 배우는 학생들이 제기한 전형적인 질문이란 무엇인가요? 여하간 여러분 모두가 어김없이 마주치게 되는 전형적인 질문이란 "누가 누구에게 무엇을, 어떤 수단에 의해서 말하며, 그리고 거기에는 어떠한 효과가 있는가?" 하는 것입니다. 즉 말하자면, 커뮤니케이션을 배우는 학생들은 은연중 같은 생각을 하도록 하는 감응이라든가, 말로 전해진 것을 이해한다든지 하는 모든 양상에 대해서 관심을 갖는다는 말입니다. '누가'란 말할 나위도 없이 전달자를 말하며, '무엇을 말하는가'란 메시지를 말하며, '어떠한 수단으로'란 물론 미디어를 말하며 '어떠한 효과'란 수신자에게 미친 효과를 말합니다. 커뮤니케이션을 배우는 학생들이 쓰는 전문용어로는 '누가'란 통제분석을 말하며, '무엇을 말하는가'란 내용분석을 말하며,

'어떤 수단에 의해서'란 미디어 분석을 말하며, 그리고 '어떠한 효과'란 효과분석을 말하는 것입니다. 이러한 네 개의 영역은 저마다 커뮤니케이션 과정의 이해에 있어서 기본적이며, 서로가 각기 영향을 미칠 수 있습니다. 이것은 모든 커뮤니케이션에 관해서도 마찬가지라고 알고 있습니다. 선전기술에서도 우리는 이것을 볼 수 있습니다. 우리가 텔레비전을 볼 때도 그렇고, 교사로부터 들을 때도, 책에서 읽을 때도 이와 같은 것을 알 수 있습니다.

8.3 미디어는 곧 메시지

아주 대단한 논의를 불러 일으키고 있는 마샬 맥루한(Marshall McLuhan)의 「미디어는 곧 메시지」라는 조그마한 책자에 대해서 여러분이 어떻게 생각하고 계시는지 나로서는 알 수 없습니다. 이미 다른 분들이 말씀하신 바이기도 하지만, 나도 맥루한이 말한 것을 그대로 동의할 수는 없으나, 그저 그가 말한 것을 대체로 인정은 합니다. 적어도 그는 커뮤니케이션 문제를 극적으로 표현해서 일반의 주목을 끌고 있습니다. 미디어가 메시지인 것만은 확실합니다. 그리고 미디어는 내용이나 강조의 어느 면에서나 메시지에 영향을 미치고 있습니다. 이와 같은 일은 우리가 항상 보고 있는 일입니다. 텔레비전은 그 좋은 하나의 예입니다. 거리에서 조그만 소동을 큰 내란인 것같이 보이도록 꾸미는 일은 텔레비전 화면에서는 매우 쉽습니다. 여기서 메시지를 만들어 내고, 전달자가 의도한 바를 강조해서 메시지를 찍어내는 것은, 정확히 말해서 텔레비전이 바로 카메라의 교묘한 기술을 이용한 미디어라는 것입니다. 책이라고 하는 미디어는 오랜 세월 메시지를 만들어 왔습니다. 인간은 책에서 말할 수 있는 것도 있고, 동시에 책의 물리적인 제약 때문에 책에서 다 말할 수 없는 것도 있습니다. 그리고 이와 같은 일반성은 어떤 커뮤니케이션 미디어에서나 다 있을 수 있습니다.

8.4 시청각기술

이와 같은 인식은 시청각자료의 새로운 기술을 불러 일으키게 했고, 그림, 영화, 텔레비전, 폐쇄회로 텔레비전, 슬라이드 및 이런 것과 함께 이용되는 많은 하드웨어의 꾸준한 이용 증가를 가져오게 했습니다. 그런데 여기서 생각나는 것은, 이러한 새로운 미디어가 전혀 전할 수 없는 것을 책이 전할 수 있다는 것입니다. '아주 철저하게 물이 들어버린' 시청각자료의 광신자가 하는 말을 들어 보면, 그 사람들이 사용하고 있는 장치로 할 수 없는 일이란 단연코 있을 수 없다는 것입니다. 그 사람들은 특히 인간이 말할 수 있는 것은 무엇이나 이러한 시청각기술 수단에 의해서 어떤 메시지라도 전할 수 있다고 믿고 있습니다. 하기야 장차는 추상적 개념이나 생각을 책만큼이나 효과적으로 전할 수 있는 기술, 기법이 개발될 수 있을지도 모릅니다. 하지만 나로서는 당장 무어라고 말할 수 없습니다. 그러나 이 순간 내가 생각하기에는 아직은 그렇게 될 것 같지는 않습니다. 도대체 어떻게 해서 소크라테스식의 대화를 시청각적인 방식으로 바꾸어서 전할 수 있다는 말인지 나로서는 알 도리가 없습니다. 하기야 장차 어느 날 어떤 발명으로 인해서 이것을 가능하게 할지도 모를 일이지요. 그렇지만 다만 우리들의 이번 논의에서, 책은 우리가 사는 이 세상에 끝까지 남아 있을 것이고, 다른 어떤 미디어도 갖지 못한 어떤 영속적인 가치를 갖고 있다는 것을 우리 모두가 쉽사리 알 수 있을 것이라고 나는 생각합니다.

8.5 문헌정보사의 기능

내가 여기서 강조하고자 하는 바는 바로 이런 현상의 어떤 메커니즘, 즉 커뮤니케이션의 어떤 미디어는 메시지의 내용에 얼마간 영향을 미친다는 것이며, 커뮤니케이션의 미디어인 문헌정보관도 역시 지식의 전달에 있어서 그 영향을 미치리라는 것입니다. 이 전달을 될 수 있는 한 완벽하게 하는 것이 바로 우리들의 목적인 동시에 사회에 대한 우리들의 역할이며, 우리들이 전념해야 될 목표인 것입니다. 지금 말씀드리려고 하는 것은 어느 의미에서는 랑가나단 박사가 말한 그의 5법칙 중 '모든 책은 그 독자에게, 모든 독자에게는 그 책을, 그리고 독자의 시간을 절약하라…'고 한 이 세 법칙이 곧 내가 기본적으로 말하고자 하는 바의 전부이기도 합니다. 그런데 시간은 시간대로 많이 걸리면서도 랑가나단 박사가 하신 것처럼 그렇게 간결하게 말씀을 못 드린 것 같습니다. 커뮤니케이션 과정을 될 수 있는 대로 유용하게, 그리고 이러한 목적을 달성하기 위해서 일단 어떤 가망성이 보이는 모든 기술을 원용하는 것은 바로 문헌정보사의 일을 위해서 많은 도움이 될 것입니다.

9. 미디어가 메시지에 영향을 미치는 실례

9.1 기계장치에는 인스피레이션이 없다.

이 강연도 이제 곧 끝날 시간이 된 것 같습니다. 게다가 내 목소리를 녹음으로 들으시느라고 피로하지나 않으셨는지 적이나 염려되기도 합니다. 하지만 남은 이 몇 분 동안을 이용해서 이번 강연회에서 사용하고 있는 이 방법에 대해서 나의 어떤 심리적 반응을 말씀드려 볼까 합니다. 이 관찰은 커뮤니케이션을 배우는 학생에게는 얼마간 흥미가 있을지도 모르는 일이며, 커뮤니케이션에 대해서 지금까지 말씀드려 온 것과 얼마간 관련이 있을 것이라고도 생각이 됩니다. 무엇보다도 나로서는 같은 이야기라도 기계를 앞에 놓고 떠들어 대는 것이 청중인 여러분 앞에 서서 직접 말하는 것보다도 훨씬 더 피로하다는 것입니다. 나는 여기서 여러분의 반응도 알 수 없고, 여러분의 얼굴도 볼 수 없고, 여러분이 현재 느끼고 있는 인스피레이션도 알 수 없으며, 청중이 곧잘 내 기분을 맞추어 주는 그런 분위기도 알 수 없는 노릇입니다. 테이프 끝까지 그저 빙빙 돌아가는 이 기계장치 속에는 인스피레이션이라고는 없습니다. 내가 여러분에게 이야기하고 있는 것에 대해서 기계는 아무런 관심을 기우리지 않습니다. 사실상 내가 말하고 있는 것에 대해서 기계는 아무것도 모르고 있습니다. 설령 내가 이 녹음 테이프에서 말을 잘못하더라도 사과할 필요도 없거니와 용서 받을 수도 없습니다. 그냥 틀린 그대로 녹음된 채로 남게 됩니다.

9.2 청중-연사간의 상호작용의 결여

그러니까 녹음이란 긴장의 연속입니다. 즉, 쉬지 않고 무엇인가를 계속 말하고 있지 않으면 안 되는 자신을 느끼게 됩니다. 사실은 내가 여러분에게 직접 말씀을 드리는 것이라면 잠깐잠깐 말을 쉴 수도 있고 말머리를 바꿀 수도 있습니다. 칠판쪽으로 가서 삼각형의 한 예를 그려 보이기도 할 수 있으며, 혹은 창문쪽으로 걸어갈 수도 있고, 또는 이와 같은 다른 행동도 할 수 있을 것입니다. 나는 교실에서는 기분에 따라서 왔다갔다 하는 버릇이 있는 사람이기에 말입니다. 연단에서 왔다갔다 하는 것은 좋아하지만, 한 장소에만 매어 있게 하는 마이크라는 것은 별로 좋아하지 않습니다. 이 모든 동작은 마음을 여유롭게 해주며 새로운 활력을 불러 일으켜 줍니다. 그러나 이 녹음기 앞에서는 그런 행동이라곤 하나도 할 수 없습니다. 그래서 아마도 여러분은 이야기하고 있는 내 태도를 어느 정도 짐작은 하고 계시겠지마는, 이렇게 45분 동안을 말하고 있노라면 아주 빨리 맥이 탁 풀려버리고 내가 이야기하고 있는 것에도 영향을 주기 쉽습니다. 이때 내 생각을 내가 뜻한 대로 분명하게 표현하지 못하고 있습니다. 그렇지만 만일 내가 여러분 앞에 서서 서로 얼굴을 마주 대하고 실제의 심리적 상호교감을 가질 때 내가 희망한 대로 내 이야기를 명확하게 잘 할 수 있다는 것은 사실입니다.

9.3 연사에 대한 청중의 반영

여러분의 편에서 말한다고 하더라도 이 같은 사실은 마찬가지라고 생각합니다. 바로 마주 보고 앉아서 내 목소리를 직접 들을 때보다도 확성기를 통해서 들을 때 훨씬 더 피로하실 것으로 생각이 됩니다. 여러분도 역시, 연사가 왔다갔다 하거나 칠판에 그림을 그리는 잠깐 순간, 즉 긴장을 풀 수 있는 그런 순간이나마도 같이 가져 보지 못하게 됩니다.

이와 같은 모든 행동양식은 나의 긴장을 풀어지게 할 뿐만 아니라, 내 긴장이 풀릴 때 여러분의 긴장도 따라서 풀리게 됩니다. 왜냐하면 청중이란 바로 연사의 행동을 닮아 갈 수 있기 때문입니다. 이런 기계장치에 대해서 여러분이 말할 수 있는 것이라고는 전혀 없는 것보다는 있는 것이 더 낫지 않겠느냐는 정도일 것이라고 생각합니다. 이러한 설명에 대해서 여러분 중 어느 분이라도 좋으니 여러분의 의견을 말해 주시면 좋겠습니다. 이렇게 듣고 있노라면, 금방 진력이 나실 것 아닙니까? 나 같으면 분명히 진력이 나고 말 것입니다. 만일 강사가 정말로 마음에 드는 훌륭한 연사라면 나는 그 강연을 한 시간이 아니라 한 시간 반이라도 들을 수 있겠습니다마는 강사가 겨우 보통 정도의 연사라면 내 경우 관심을 가지고 들을 수 있는 시간은 45분에서 60분 정도가 고작일 것입니다. 이와 같은 기계에 귀를 기우려 듣는 것은 참고 참는다 해도 기껏 45분쯤이라고 생각합니다. 다시 되풀이 하지만 미디어가 바로 메시지란 것은 확실합니다. 설령 그것이 메시지가 아니라고 하더라도 그것은 메시지를 형성하고 거기에 영향을 미치는 것만은 확실합니다.

9.4 청중 – 반응을 상상하면서

형식에 매이지 않고 여러분께 이렇게 이야기하게 된 것은 매우 즐거운 일입니다. 이러한 심리적인 반응에 관해서 말씀드리게 된 것도 유쾌한 일입니다. 그러나 내가 인도에 갔었더라면 훨씬 더 좋았을 것이라고 생각도 합니다. 하지만 나는 내 스스로 일종의 한낱 환상 속으로 나를 끌어들이고 있음을 의식합니다. 나는 여러분 모두가 이곳에 계신 것 같은 생각이 들며, 여러분은 지금 웃고 계시며, 내가 이야기한 어떤 대목을 즐겁게 듣고 계신다고 상상하여 보기도 합니다. 강연의 끝 대목에서는 박수갈채를 받으리라고 상상도 해볼 수 있습니다. 이런 터무니없는 모든 생각은 의식하든 안하든간에 관계없이, 기계를 인간적인 차원으로, 그리고 심리적인 균형을 그대로 지키려는 하나의 시도라고 말해도 좋지 않을까 합니다. 어쨌든 테이프는 아직 끝나지 않았지만 이번 강연은 이제 끝날 때가 된 것 같습니다. 다음 회 강연에서는 지식의 문제, 사회에 있어서 지식의 문제, 인식론의 문제에 대해서 말씀드리고자 합니다. 지금은 곧 벤쿠버에 있는 브리티시 컬럼비아 문헌정보사협회(Association of British Columbia Librarians)에 강연을 하기 위해서 떠나야 합니다. 내가 갔다가 다시 돌아올 때는 아마도 지식에 관해서 내가 지금 생각하고 있는 것보다는 좀더 정리된 생각을 가지고 임할 수 있을 것입니다.

〈참고문헌〉

1. Alland (Alexander). Evolution and human behavior. Garden City, New York; Natural History Press, 1967.

2. Benedict (Ruth). Patterns of culture. Boston; Houghton Mifflin, 1934.

3. Birket-Smith (Karl). Paths of culture. Madison; University of Wisconsin, 1965.

4. Boas (Franz). Race, language, and culture. New York; Macmillan, 1940.

5. Cherry (Colin). On human communication. ed 2. Cambridge; Massachusetts Institute of Technology, 1967.

6. Childe (Gordon). What happened in history. London; Penguin, 1943.

7. Gelb (I. J). Study of writing. Chicago; University of Chicago Press, 1952.

8. Hall (Edward T). Silent language. Garden City, New York; Doubleday, 1959.

9. Hoijer (Harry), ed. Language in culture. Chicago; University of Chicago Press, 1954.

10. Kluckhohn (Clyde). Mirror for man. New York; McGraw-Hill, 1949.

11. Kroeber (A. L) and Kluckhohn (Clyde). Culture. New York; Knopf, 1952.

12. Landaur (Herbert). Language and culture. New York; Oxford University Press, 1965.

13. Linton (Ralph). Tree of culture. New York; Knopf, 1957.

14. Morris (Charles). Signs, language, and behavior. New York; Prentice-Hall, 1946.

15. Redfield (Robert). Human nature and the study of society. Chicago; University of Chicago Press, 1962.

16. Sapir (Edward). Language. New York; Harcourt, Brace, 1921.

17. Sumner (William Graham). Folkways. Boston; Ginn, 1910.

18. Whorf (Benjamin Lee). Language, thought, and reality. New York; Wiley, 1956.

Ⅲ. 문헌정보관과 지식

1. 사회적 배경

1.1 개인을 통해서 사회로

　지난번 논의에서는 주로 문헌정보관과 개인과의 관계, 특히 개인의 지식과 문헌정보관장서와의 관계 및 문헌정보관이 이용자에게 제공할 수 있는 봉사 등에 대해서 말씀을 드렸습니다. 그래서 오늘은 개인이란 문제에서 벗어나 사회란 문제로 눈을 돌려 볼까 합니다. 왜냐하면, 비록 우리가 사회의 목적을 달성하기 위해서는 개인을 통해서 일하지 않으면 아니 된다 하더라도 문헌정보사인 우리가 궁극적으로 관심을 가져야만 하는 것은 바로 문헌정보관의 사회적 배경인 것입니다.

1.2 개인과 사회

　지식에 대한 개인의 관계와 사회의 지식간에는 어느 정도 유사점이 있습니다. 그러나 또한 이 양자 사이에는 아주 뚜렷한 어떤 다른 점이 있으며, 이 다른 점을 무시해 온 것이라고까지는 말할 수는 없지마는, 문헌정보사들이 과거에는 많든 적든간에 경시해 온 것만은 사실입니다. 지식에 대한 요구가 개인뿐만 아니라 사회를 움직여 온 것은 확실합니다. 개인의 정신은 지식이나 정보를 안 가지고 있을 때 그만 퇴보하는 것과 같이, 사회 또한 그와 마찬가지로 그 성원간에, 그리고 사회의 구조 및 조직을 이루는 모든 부분에 걸쳐서 지식의 끊임없는 유입이 없을 때는 붕괴되고 마는 것입니다.

1.2.1 생명체와 유사

인간 개인은 하나의 생명체, 생물학적 유기체입니다. 사회도 또한 하나의 생명체, 즉 사회적 유기체입니다. 이는 둘 다 살아 있는 실재입니다. 그러나 개인의 지식과 사회의 지식에는 두 가지의 아주 다른 점이 있습니다. 사회는 이제까지 출판된, 또는 어떤 형태로든 그것을 이용할 수 있게 이미 나와 있는 모든 백과사전, 참고 도서, 학술기관의 회보 등등의 모든 내용을 총체적으로 알고 있는 것입니다. 사회는 총체적으로 어느 한 개인이 이제까지 알고 있는 지식보다 전 인류의 사실적 지식의 총화, 그 이상을 다 알고 있습니다. 그런가 하면 개인은 정보축적과는 비교도 안 되는 각 개인이 알고 있는 기록지식과 함께 정서적 경험이란 것을 가지고 있습니다. 이것은 바로 사회의 공동자산입니다. 인간 개인은 인류의 활약상에 기록되어 있는 바와 같이 인생의 아름다움이라거나 인생살이를 이해하고 맛볼 수가 있지만, 사회는 결코 이런 면을 공동으로 이해할 수 없습니다.

1.2.2 지식의 두 종류

따라서 우리들은 여기서 두 가지 형태의 지식에 직면하게 됩니다. 그 하나는 '내재적'이라고 부르는 개인과의 관련이 있는 지식이요, 다른 하나는 '외재적'이라고 부르는 사회와의 관련이 있는 지식입니다. 바로 이 두 영역에서 문헌정보사는 일하지 않으면 아니 됩니다. 요컨대 문헌정보사는 개인의 정보요구와 지적 요구 및 지식요구에 한시라도 눈을 뗄 수 없는, 말하자면 쉴 새 없는 생활을 해 나가야 하면서도, 동시에 사회의 지식요구를 소홀히 해서도 아니 됩니다. 사실상 이러한 복잡한 개인-사회 관계 속에서 문헌정보사는 일을 해 나가지 않으면 아니 됩니다. 좀더 분명히 이 문제를 설명할 수 있을는지는 모르겠으나 한번 이야기해 보겠습니다.

1.3 서로 상호작용

1.3.1 지식과 사회

문헌정보사는 커뮤니케이션 과정에 있어서 자기의 역할

을 한낱 고리쇠 중의 하나의 고리로만 보아서는 아니 됩니다. 또한 문헌정보사는 자기가 전달하는 지식에 대해서, 그리고 다시 이 지식이 개인과 사회, 곧 이 양쪽 모두에게 중요성을 갖고 있다는 데에 대해서 그 스스로 관심을 갖지 않으면 아니됩니다. 그런데 지식의 성질에 관한 연구, 그리고 현대 서구문명 속에서 발달해 온 지식의 구조와 이 지식을 보다 쉽게 지적으로 검색하려고 하는 문헌정보사의 도구와의 관계에 대한 연구에는 이렇다 할 진전도 물론 없을 뿐만 아니라 아예 논의조차 없다시피 합니다. 그러나 이제 이와 같은 연구는 문헌정보사의 일 중 아주 기본적인 것으로서, 사회에 있어서 지식의 역할을 보다 잘 이해하도록 하는 새로운 학문이 반드시 발전되어야 한다는 것이 나의 생각입니다. 문헌정보사는 사회에 영향을 미치게 하는 지식의 역할에 대한 이해와 사회가 지식의 발달에 영향을 미치게 하는 면을 파악하는데 진력하지 않으면 아니 됩니다.

2. 사회인식론

2.1 사회인식론이란 무엇인가

나는 이 새로운 학문을 '사회인식론'이라고 부릅니다. 내 기억이 정확히 맞다고 한다면, 아마도 이 용어는 나의 옛 동료인 마거릿 에간(Margaret Egan)여사, 바로 여러분 중 어느 분이 시카고대학교에서 그분으로부터 배우신 분이 계실지 모르나, 그 후에 케이스 웨스턴리저브대학교 교수가 된 그분에 의해 창출된 말이라고 알고 있습니다. 그분이 지적한 바와 같이 심리학자들은 행동을 개인의 행위와 관련시켜 연구해 왔으며, 인식론학자들은 지식의 기원, 생성, 발전을 연구해 왔는데, 그것도 개인과 관련시켜 거론해 왔습니다. 사회학자들은 그룹내 사람들의 행동을 연구해 왔습니다. 그러나 이 행동에 미치는 지식의 영향에 관해서는 이제까지 진지하게 언급한 바가 없습니다. 바꾸어 말하면 인식론은 지식에 대한 개인의 관계영역 밖에서는 취급되지도 않았으며, 사회행동 및 사회행위의 총체에 관련하여 연구된 바도 없습니다. 인식론이란 말씀드릴 것도 없이, 순수한 의미로서는 지식 그 자체에 대한 지식의 연구입니다. 그것은 지식 자체에 대한 앎인 것입니다. 그래서 사회인식론은 사회에 있어서의 지식의 연구입니다. 그것은 사회에 있어서의 지적 과정의 성격이라고 하는 복잡다단한 문제에 대해서 조사연구의 골격을 마련해 주지 않으면 아니 됩니다. 즉 사회 전체가 그것을 둘러싼 모든 환경에 대해서 인식관계를 알아내는 방법에 관한 연구를 말합니다. 이 학문은 지적 생활에 대한 연구를 개인에 대한 자세한 조사 연구에서부터 사회, 국가, 또는 문화가 각기 받고 있는 자극의 전부에 대해 이해를 가질 수 있는 모든 방법의 연구조사로까지 끌어 올리지 않으면 아니 됩니다. 이 학문의 초점은 사회조직 전체를 통해서 여러 가지 형태로 전달되는 사고의 생산, 유통, 집성 및 소비에 당연히 맞추어져야 할 것입니다. 이러한 학문으로부터 지식과 사회활동, 아니 바꾸어 말하자면 사회역학간의 상호작용의 새로운 합(synthesis)을 불러 일으키면서, 바로 그다음에 지식에 대한 지식의 새로운 연구가 싹트지 않으면 안될 것입니다.

2.2 최근의 연구

그러면 최근 몇 년 사이 이 방면에 도움이 되는 세 개의 연구가 나와 있는데, 여러분의 주의를 끌만 하다고 나는 생각합니다. 그 첫 번째 것은 프릿츠 막흐루프(Fritz Machlup)가 쓴 「미국에 있어서의 지식의 생산과 분배」라는 책이고, 두 번째 것은 하아비슨과 마이어즈(Harbison and Myers)가 공동 집필한 「교육, 인력 및 경제성장」이란 책이며, 세 번째 것은 미시간대학교 경제학 교수인 케네스 볼딩(Kenneth Boulding)이 쓴 「더 이미지(The Image)」라고 하는 조그마한 책자입니다.

하지만 이 세 책 중 그 어느 것도 내가 여기서 사용하고 있는 사회인식론이란 용어를 실제로 쓰고 있지는 않습니다. 그러나 이 세 권의 책은 모두 여러분의 주의를 불러 일으키도록 하려는 이 연구에 기본적인 것이며 주목할 만한 가치가 있는 것입니다. 오늘의 논의에서는 이제 방금 말씀드린 볼딩과 막흐루프 두 분에 대해서 이야기할까 합니다.

2.3 사회인식론과 문헌정보관

2.3.1 관련학문 영역

그러면 문헌정보관과 관련시켜서 볼 때 사회인식론이란 무엇입니까? 우리가 사회인식론으로 하여금 해답을 기대하거나, 아니면 적어도 어떤 방법으로든지 설명이 되리라고 기대를 거는 일종의 문제란 어떤 것일까요? 내가 알기로는 사회인식론은 그 자체의 이론적인 지식의 주체를 반드시 가져야 할 것이라고 생각합니다. 그것은 많은 조사영역에 크게 의존하고 있는, 참으로 상호관련성을 띤 학문입니다. 사회학이나 인류학은 분명히 이에 아주 긴밀한 관련을 가지고 있으며, 또한 커뮤니케이션 시스템을 다루고 있기 때문에 언어학과도 역시 관련이 있으며, 경제학, 심리학뿐만 아니라 인간의 신경계통을 다루는 생리학, 수학, 정보이론, 기타 그외 많은 것이 관련을 갖고 있습니다. 여기서 이렇게 관련학문 영역을 맨 끝까지 나열해 나가는 것은 별 의미가 없을 것입니다. 왜냐하면 사회행동, 사회적 행위 및 사회의 지적 활동의 모든 영역이 취급되고 있기 때문에 이 연구에 많은 학문이 기여한다는 것을 여러분은 잘 알고 있으리라고 생각하기 때문입니다.

2.3.2 실제적인 측면

사회인식론은 또한 실제적인 결과를 가져올 것이라고 생각해도 좋을 것 같습니다. 이것은 학문을 위한 학문을 추구한다거나, 제기되는 지적 도전에 몰두하기 위한 하나의 이론적인 학문만은 아닙니다. 사회인식론의 가장 실제적인 응용의 한 면은 곧 문헌정보직에 있습니다. 바로 사회인식론과 문헌정보직 사이에는 매우 중요한 유사성(類似性)이 존재하기 때문입니다. 실무자가 그것을 인정하든 안 하든간에 문헌정보직은 인식론의 기반 위에 기초를 두고 있습니다. 왜냐하면 그것은 지식의 성질에 관계를 하며, 개인적으로 또는 그룹으로, 즉 집단적으로 사람에 의해서 행해지는 지식의 활용을 다루기 때문입니다.

3. 이론과 기술

3.1 이론적 기초의 중요성

앞서 강연회에서도 말씀드린 바와 같이, 문헌정보사가 인간과 필사기록물 사이에서 효과적인 중개인이 되기 위해서는 더 말할 나위 없이 문헌정보직은 직업학교에서 가르쳤던, 즉. 특별한 필요성을 갖고 있는 특정 독자를 위해서 일정한 책을 어느 정해진 서가에서 찾아 주는 그런 일련의 재주에 그쳐서는 안 될 것입니다. 이러한 기법은 문헌정보사의 한낱 수완에 속합니다. 기능숙달의 중요성에 대해서는 누구도 의심할 바가 아니지마는 앞서 말씀드린 바와 같이 기술과 이론은 반드시 조화를 이루어서 발달하지 않으면 아니 된다고 생각합니다. 그러나 문헌정보사가 기록지식에 대한 검색수단에 제대로 숙달되어 있지 않다면 문헌정보사는 자기의 일을 제대로 해내지 못할 것입니다. 여기서 말하는 숙달이란 문헌정보사가 취급하고 있는 기록지식의 성질에 대한 철저한 이해뿐만 아니라 문헌정보사가 담당하는 사회적 영역에 있어서 지식의 역할에 대한 이해까지도 말합니다. 문헌정보사가 다루는 서지 및 정보시스템이 기록지식에 대한 인간의 이용에 가능한 한 꼭 맞게끔 되어 있다면 문헌정보 전문직의 이론적 기반은, 즉 인간은 어떻게 아는가라는 인식력의 문제와 같은 이러한 여러 문제에 대해서 당연히 해답을 주어야만 할 것입니다. 그리고 이 점에 대해서는 앞서 강연에서도 이미 말씀을 드렸습니다.

3.2 문화의 이해

그러나 이 이론은 사회가 알고 있는 것, 즉 사회인식의 문제, 그리고 개인의 지식이 사회의 지식으로 되어 가는 사회

-심리적 시스템의 성질에 대하여 이해하려고 애쓰지 않으면 아니 됩니다. 게다가 또 지식철학 및 지식사가 시간의 흐름 속에서 다양한 문화를 통해서 어떻게 발전해 왔는가 하는 문제도 있습니다. 문화는 지식의 활용이라는 면에서는 서로 가 같지 않으며, 그리고 만일 우리가 문화를 하나의 고립된 현상으로 본다면 분명히 우리들은 우리 자신의 문화를 이해 할 수 없기 때문에, 나는 여기서 다양한 문화에 대해서 역설 하고자 합니다. 우리들은 우리의 문화를 다른 문화, 다른 가 치관, 옳고 그름에 대한 다른 본보기와 규범, 그리고 윌리엄 그레이엄 섬너가 용어로 사용한 다른 동향, 다른 윤리체계 를 통해서 보지 않으면 아니 됩니다. 문제는 지금 쓰고 있는 서지기법과 시스템, 그리고 이것이 커뮤니케이션 과정의 실 재와 앞서 말한 인식론의 견해와 얼마만큼이나 일치하고 조 화가 되는지에 대해서 이해하고 해석하는 일입니다. 말하자 면, 우리의 시스템이 개인이나 사회가 지식을 활용하는 방 식과 일치되도록 되어 있지 않다면 바로 그 시스템은 효과 적인 것이 못 되는 것입니다.

3.3 문헌정보관의 과정

3.3.1 폐쇄 시스템

문헌정보관에 대한 이와 같은 견해에 대해 어떻게 생각해야 할까요? 과거에는 문헌정보관은 일종의 폐쇄 시스템으로서 운용되어 왔습니다. 우리들은 분류표, 곧 서지 가이드를 만들었습니다. 우리들이 믿든 안 믿든 간에 문헌정보관자료의 전분야에 걸친 주제 분석, 즉 지식의 여러 갈래의 연관성은 비교적 변하지 않는 것이며, 이 연관성은 얼마간 아무 때나 통용된다고 여겨 왔습니다. 듀이의 십진분류법이나 그 당시의 기타 분류법의 가장 큰 취약점은 그 어느 것이나 모두가 문헌을 분류학적인 의미에서 보아 온 데 있었습니다. 문헌정보관 자료조직의 이와 같은 체계는 다윈(Darwin)의 시대, 곧 「종의 기원」이란 다윈의 이론과 생물진화론이 생물학계에 금자탑을 세운 그 혁명기 바로 직후에 발전했다는 사실을 상기하지 않을 수 없습니다. 그래서 이 분류체계는 근본적으로 이러한 생물분류학적인 것이었습니다. 듀이(Dewey)나 커터(Cutter) 및 그 시대 사람들은 문헌을 일정한 속성을 가진 생물학적 혹은 물리학적인 표본으로 보았던 것입니다. 비록 그들이 식견이 있었다고 하더라도 이 분류 시스템의 특성은 어디까지나 형태적 차원에서 보았던 것이라고 말하지 않을 수 없습니다.

3.3.2 동적 시스템

그런데, 물론 문헌은 일정한 특성, 즉 물리적 특성뿐만 아니라 또한 지적인 특성을 지니고 있는 것만은 사실입니다.

그러나 이러한 특성은 영속적인 것은 아닙니다. 이러한 특성의 대부분은 시대가 바뀌어감에 따라서, 그리고 심지어는 독자가 바뀌어감에 따라서도 변하는 것입니다. 어느 한 개인에게 있어서 한 권의 책이 갖는 의미는 또 다른 어느 개인에게는 그 의의가 전연 다를 수도 있습니다. 우리들은 상투적으로 책은 이러이러한 것을 말하고 있다라고 합니다마는 실제로는 책은 분명히 아무것도 말하지 않고 있습니다. 책이란 여러 가지 방식으로 글씨가 적힌 한낱 종이 조각에 불과한 것이고, 찰스 모리스의 문귀를 빌린다면, 그것은 이를 해석할 수 있는 인간집단에게만 의미가 있는 특정한 기호표시에 지나지 않으며, 이와 같은 기호는 서로 다른 여러 독자들에 의해서, 또는 심지어 같은 독자라 하더라도 읽는 시간이 다르면 여러 모로 해석될 수도 있는 것입니다. 어려운 이론물리학 책은 내게 아무것도 말해 주는 것이 없지만, 이를 전공한 물리학자에게는 많은 것을 말해 줍니다. 그래도 그 책의 내용이나 책의 페이지에 적힌 것은 변하지 않습니다. 그래서 여기서는 폐쇄 시스템을 다루려고 하는 것이 아니고 아주 개방적인 시스템, 즉 끊임없는 변화와 부단한 재해석을 이끌어 내지 않으면 아니 되는 시스템을 이야기하려고 합니다. 그러므로 어느 의미에서는 각 세대는 자기세대에 맞는 서지적 방편, 즉 서지도구를 다시 새롭게 만들어 내지 않으면 아니 됩니다. 왜냐하면 어느 세대에 적합했던 것이 다른 어느 세대에는 아주 부적합할 수도 있기 때문입니다. 이런 점에서 볼 때, 이른바 블리스(Bliss)가 문헌정보관계

(界)를 위해서 정말로 "자연계의 질서"를 알아냈다고 주제넘게 떠들어댈 때 저지른 과오가 가장 큰 잘못 중에 하나라고 생각합니다. 아무튼 이제 블리스에 대해서는 머지않아 다시 언급할 기회가 있을 것입니다.

4. 지식

4.1 지식이란 무엇인가?

오늘날 우리들은 지식이란 무엇인가라는 문제에 곧바로 부딪치게 되었습니다. 지식이란 말은 여러 가지 문맥 속에서 매일 쓰이고 있는 말이며, 으레 그렇게 쓰이는 것으로 우리들은 여기고 있습니다. 그러나 지식이란 과연 무엇입니까? 여기서 다시 인식론학자들의 연구를 눈여겨보아야 하겠습니다. 지식과 정보 사이에는 차이점이 있는 것입니까? 낱말과 그 의미 설명에 있어서 적어도 우리 나라에서는 최고의 권위가 있다는 웹스터 사전에는 지식에 대한 정의가 무려 열 두가지나 됩니다. 이상한 일이지만 이 열두 가지 설명 중 열 가지는 "지식"을 많든 적든간에 "사실" 또는 "상태"와 같은 의미로 설명하고 있습니다. 그런데 지식이란 말할 나위도 없이 알려진 사실이며, 알고 있는 사람이 없다면 지식이라고 하는 것은 있을 수도 없습니다. 지식은 추상적인 의미에서는 존재하지 않으며, 실로 존재할 수도 없는 것이라고 생각합니다. 소리를 듣는 이가 아무도 없는데 소리라는 것이 있을 수 있겠는가라는 옛부터 내려오는 논법과 마찬가지로, 그것을 아는 이가 아무도 없는데 그 지식이 존재한다고 할 수 있겠는가. 나는 여기서 그저 말 재간을 부리자는 것은 아닙니다. 지식에는 절대라는 것이 없으며, 지식은 알고 있는 사람과 항상 관계가 있다는 것을 스스로 깨닫는 것이야말로 문헌정보사들에게 있어서는 중요한 일입니다. 지식은 발전해 나가는 것입니다. 그것은 인간의 심리, 집단심리에서 생겨나는 것이지 지식이 어디 우주공간이라든지 일종의 어떤 진공상태 속에 존재하는 것처럼 말할 수는 없습니다. 여기에는 반드시 알고 있는 사람이 있을테고, 지식은 알려진 것이기 마련입니다. 만일 절대적인 지식이란 것이 있다고 한다면, 그것은 초인적인 지능에서 나온 것이며, 오직 그것에 의해서만 알려진 것이 틀림없습니다. 그러니 나는 여기서 신학적인 논쟁에는 끼어들고 싶지 않습니다.

4.2 지식, 정보, 그리고 메시지

4.2.1 이미지의 창조

조금 전에 말씀드린 케네스 볼딩은 "생활 및 사회 속의 지식"이란 부제까지 붙인 그의 저서 「이미지」에서 "아마도 지식이란 좋은 용어는 아닐 것이다."라고 말하고 있습니다. 그는 "지식이란 세상에 대한 개인적인 이미지이거나 혹은 사회적 이미지"라고 말하고 있습니다. 그의 저서 「더 이미지」의 주제가 바로 이러한 주관적인 지식인 것입니다. 그에 의하면, 메시지는 곧 정보인 것입니다. 이것은 독서를 한다든지 직접경험을 한다든지, 혹은 어느 개인과 이야기를 한다든지 하는 식의 의식을 통해서 인식되는 것을 말합니다. 메시지란 전달되는 것이며, 즉 커뮤니케이션이 되는 것입니다. 그러나 메시지는 개인에게 있어서는 의미에 따라서 변하는 것입니다. 그래서 개인이나 또는 사회가 메시지를 해석함으로써 생기는 변화가 곧 의미가 되는 것입니다.

완전한 커뮤니케이션이라는 것은 있을 수 없다고 지난번에 말씀드렸습니다. 그런 것은 있을 수가 없습니다. 그러나 개인이나 또는 사회가 메시지에 거는 이와 같은 의미의 결과나 산물이 이미지를 만들어 내는 것 ―세상에 대한 인간의 이미지― 이며, 그다음에 메시지는 개인 또는 사회의 윤리적, 도덕적 평가 시스템을 통해서 여과되고, 이러한 메시지에 끊임없는 여과과정을 통해서 개인 또는 사회는 볼딩이 말한 '이미지'를 발전시켜 나가고 있는 것입니다. 볼딩이 말하는 사회인식 과정은 이른바 내가 사회인식론이라고 말하는, 즉 인류에 의해서 획득되고, 그 가치 시스템을 통해서 여과된, 알려져 있는 것의 총체, 진리, 사실, 정보, 원리, 그밖의 인식대상의 전체에 바로 맞닿아 있다고 생각합니다.

4.2.2 지식–상황

그런데 사람들이 일반적으로 말하는 "지식–상황"이란 것
이 있습니다. 이 지식–상황이란 앞에서 말씀드린 커뮤니케
이션 과정과 매우 밀접한 관계를 가지고 있습니다. 여기에
는 주체가 있고 매체가 있으며, 목적이 있습니다. 주체란 물
론 자기 개인입니다. 그리고 매체란 커뮤니케이션된 것, 즉
메시지를 말하며, 적어도 미국에서만은 널리 쓰이고 있는
미디어란 말을 써도 좋을 것입니다. 그리고 궁극적으로 목
적이란 자기 또는 주체가 이 과정으로부터 획득하는 것을
말합니다.

4.2.3 문헌정보관과의 유사

그런데 문헌정보관과 매우 유사한 점이 있습니다. 주체는
말할 것도 없이 이용자입니다. 매체는 문헌정보관서고에 있
는 방대한 장서, 그 서고 이용을 돕는 서지도구 및 문헌정보
사가 수행하는 봉사입니다. 궁극적으로는 목적이 있는데,
이 목적은 이용자가 문헌정보관자료를 이용함으로써 얻는
것, 즉 문헌정보사가 노력하는 목표이며 목적인 이 긴 전개
과정의 최종결과를 말합니다. 이를 다시 그림으로 보면 그

유사점을 일목요연하게 볼 수 있을 것입니다.

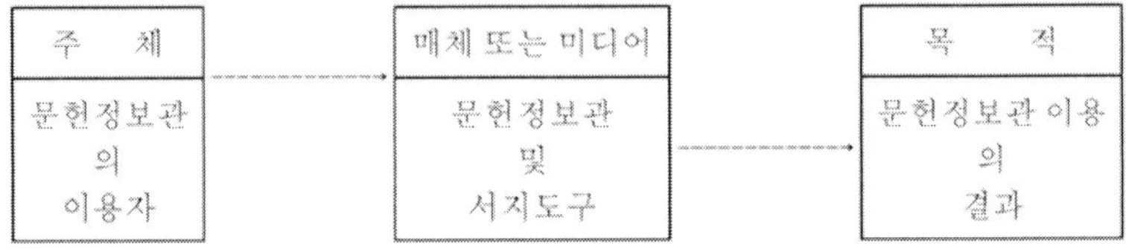

4.3 구분의 필요성

이러한 지식의 문제를 어떻게 다루어야 할 것인가? 프릿츠 막흐루프는 지식과 정보 사이에는 어떤 차이점도 없다고 말합니다. 그는 이러한 구분 자체가 "어리석은 짓"이라고 하면서 이 둘은 거의 똑같은 개념의 어휘라고 말하고 있습니다. 이와 같이 막흐루프는 지식과 정보를 동의어로서 간주하고 있습니다. 그러나 내 자신은 이 점에는 동의할 수 없습니다. 정보와 지식 사이에는 매우 중요한 차이점이 있다고 생각합니다. 정보란 말할 것도 없이 생물학자가 사용하는 뜻으로든지, 우리 문헌정보사가 쓰는 의미로서든지간에 다 똑같이 '사실'을 뜻하는 것입니다. 그것은 실은 자극인 것입니다. 그것은 우리의 감각을 통해서 인식하는 자극인 것입니다. 정보라고 하는 것은 단독 사실일 수도 있고 일단의 사실일 수도 있습니다. 그러나 그것은 어디까지나 한 단위이며 생각을 돕는 한 단위에 지나지 않습니다. 그것은 어떤 차원을 가질 수 있습니다. 정보란 우리들이 받아들이는 지적 실재이고 지식을 이루는 소재입니다.

볼딩이 말한 대로 그의 말을 다시 빌리자면, 지식이란 여과과정의 결과, 즉 윤리체계나 지적체계, 혹은 그것을 받아들이는 개인의 학문체계라고 만약 부를 수가 있다고 하면은, 그러한 체계를 통한 여과과정을 거친 사실들인 것입니다. 비록 막흐루프는 그의 논의에서 이 점을 취급하지 않았지만 이러한 구별은 아주 중요한 것이라고 생각합니다.

4.4 상황에 따른 차이

다시 지식에 대한 정의를 생각해 봅시다. 지식은 정보와는 달리 알려져 있는 것의 총체, 인류가 획득한 진실, 사실, 정보, 원리, 신념 또는 그밖의 인식대상의 전체를 말합니다. 여기에 진실을 포함시켰습니다마는, 그것은 실로 진실이라든지 허위라든지 하는 것과는 전연 관계가 없는 것입니다. 지식에는 잘못된 지식도 있을 수 있고 참된 지식도 있을 수 있는 것입니다. 그렇지만 그것은 어디까지나 지식인 이상 알 수 있고 알려진 것입니다. 물론 어느 한 사회나, 어느 한 문화에 있어서 진실인 것이 다른 사회, 다른 문화에 있어서는 완전히 허위일 수도 있으며, 이와 마찬가지로 어느 개인에게 있어서는 아무렇지도 않은 사실이 다른 사람에게는 지식이 될 수도 있는 것입니다. 어느 한 개인이 자기가 생각해 낸 어떤 철학적 개념을 여러분에게 이야기한다고 했을 때, 그것은 그 사람에 있어서는 지식인 것입니다. 왜냐하면 그는 세상에 대한 그의 이미지를 통해서 그것을 여과해 왔고, 그것을 발전시켜 왔기 때문입니다. 그러나 여러분에게는 그것은 하나의 사실이 되는 것입니다. 그것은 한 개인이 생각해 낸 것에 지나지 않기 때문입니다. 그것은 여러분 자신의 가치체계를 통해서, 여러분 자신의 이미지에 비추어 보는 그런 과정을 사실상 겪고, 그리고 그 결과로써 아마 여러분의 세계관이 바뀌게 되기까지에는 실로 지식이라고는 할 수 없습니다. 한두 가지 방식이든 여러 가지 방식이든, 크든, 작든, 의미심장하든지, 비논리적이든간에 이렇게 함으로써 세상에 대한 여러분의 인식 또는 이해가 바뀌어 가게 되는 것입니다.

5. 분류와 지식의 성질

5.1 생물분류학적 연구방법

지식이 무엇인지를 이해하려고 할 경우, 아마도 가장 좋은 방법은 분류라고 하는 미디어를 통해서 보는 것입니다. 나는 폐쇄시스템으로서의 문헌정보관에 관해서, 그리고 듀

이와 커터 및 그 시대 사람들이 채용했던 기록지식에 대한 생물학적 분류방법에 관해서 이야기 하면서 이미 이 점을 거론했습니다. 지식은 여러 가지 방법으로 배열이 될 수 있다고 우리들은 생각해 왔습니다. 분류학자들은 지식의 "성격"에 의해서, 지식의 형태론에 의해서, 그리고 정말로 지식의 "종류"라고 말할 수 있을지 어떨지는 모르겠지만 그렇게들 생각해 온 지식의 종류에 의해서 지식을 배열했습니다. 그렇지만 지식이란 매우 다차원적이어서 그것을 형태론적인 입장에서 분석하기란 그렇게 쉽지마는 않습니다.

5.2 블리스의 지식 배열

그런데, 조금 전에 말씀드린 블리스, 곧 여러분은 그의 저서에 대한 랑가나단 박사의 비평 —말하자면 아주 정확히 정곡을 찌른— 을 통해서 익히 잘 알고 있으리라고 믿고 있지만, 그는 지식에는 몇 갈래의 순서가 있다고 말하고 있습니다. 첫째로 발달서열이란 것이 있다는 것입니다. 즉 지식이 시대를 통해서, 다양한 사회와 다양한 문화에 의해서 발전되어 현대란 시점에 그대로 총괄된 일련의 서열이 있다는 것입니다. 그리고 다시 그는 교육서열이란 것이 있다고 주장하고 있는데, 즉 지식에는 어린이, 청소년, 젊은이들에게 가르치는 순서가 있다는 것입니다. 그리고 또 그는 실용서열이란 것이 있다고 말하는데, 즉 이용의 순서를 말하고 있습니다. 이것이야말로 듀이나 커터 및 그 시대 사람들이 애써 찾고 궁리해 온 그 순서가 아니겠는가 생각합니다. 블리스는 이 세 가지의 서열이 모두가 조화를 이룰 수 있는 것이고, 발달서열, 교육서열, 실용서열은 각기 내부에서는 차이가 있을 수 있다고 할지라도 근본적으로는 다 같은 것이라는 입장을 취하고 있습니다. 예컨대, 어린이의 교육, 학습과정은 어느 정도 지식 자체가 발달해 온 발달순서를 요약한 것이며, 개체발생은 개인의 내부에서 일어난 일종의 지적 발전에 있어서 계통발생을 요약한 것이라는 것입니다. 이상의 세 가지 서열, 즉 발달서열, 교육서열, 실용서열을 조화롭게 함으로써, 이른바 그가 말하는 자연계의 질서라는 것을 발전시킬 수 있다고 블리스는 믿었던 것입니다. 이것은 고유한, 영원한, 영속적인 서열로서, 여하튼 자연계는 무한한 예지, 정의, 진실 속에서 지식이라는 것을 알고 이해할 뿐만 아니라, 그 안에서 실제로 이루어 온 것이라고 보았던 것입니다. 그리고 블리스는 자기가 이것을 발견해 냈다고 생각했습니다. 그는 어느 시대에나 그것이 통용될 거라고 말하기도 했습니다. 글쎄요, 이러한 그의 입장은 적어도 지극히 취약하다고 생각합니다. 만일 그 말이 허튼말이 아니라면, 그것은 확실히 자기중심적인 말에 지나지 않습니다. 여기서 블리스를 경시한다거나 그 저작을 웃음거리로 만들 생각은 추호도 없습니다. 그는 서지분류에 있어서는 매우 특출한 인물로서 이 점에 대해서는 의심할 여지가 없기 때문입니다. 블리스는 이 분야에 지대한 공헌을 했으며, 지식 분류에 끼친 그의 기여도는 랑가나단 박사에 못지 않은 미국의 제일인자라는 것을 나의 오랜 친구인 랑가나단 박사께서도 인정해 주실 것으로 믿고 있습니다. 그의 분류체계에는 매우 훌륭하고 아주 적절한 점이 많다는 데에는 의심의 여지가 없습니다. 그러나 그는 독단적이었습니다. 다분히 그런 체계를 세우기 위해서 그는 고집을 부리지 않으면 안 되었는지도 모르겠습니다. 하물며 그가 모든 시대에 통용되는 자연계의 질서를 찾아냈다고 하는 말도 더없이 오만하고 사리에도 전연 맞지 않는다고 생각합니다.

5.3 자연계의 질서

하여튼 자연이란 무엇입니까? 자연계에는 고유한 질서란 것이 있는 것입니까? 아무튼 지식의 총체를 하나로 묶어 버리는 기초적이고도 기본적인 관계란 것이 있는 것입니까? "이 세상에 존재하는 것을 하나로 묶어 버리는 대사슬"이란 것이 과연 있는 것입니까? 나는 지식이란 일원적인 것이며, 지식의 세계는 하나의 단일체이며, 모든 사물은 일정한 방식으로 다른 모든 사물과 관계를 갖고 있다고 말씀드리고 싶습니다. 그러나 이와 같은 질서가 고정된 시스템, 폐쇄적인 시스템이라든지, 일단 이것을 찾아내면 영구히 통용된다고 말하는 것은 전혀 터무니없는 것이라고 생각합니다. 아직껏 발견되지 않은 어떠한 차원이 있는지 그 누가 압니까? 1905년도이든가 1906년도이든가 시카고대학교 요람에 실린 물리학과 강의요목에는 물리학자들은 발견해야 할 것은 모두 다 발견했으며 남은 일이란 측정의 기술을 다듬고, 그 발견을 좀더 정확하게 하는 일이며 물리현상의 측정법을 개선하는 것뿐이라는 말이 서문에 실려 있었습니다.

5.4 변화하고 있는 상황

그런데, 이런 아인슈타인(Einstein)의 선배들이 얼마나 철두철미 무지했던가를 알 수 있습니다. 물리학계에, 그리고 수세기에 걸쳐 물리학계를 주름잡았던 그 해묵은 뉴턴법칙에 대해서 아인슈타인이 한 일은 물질우주의 전개념을 뒤엎어 버린 것입니다. 엘프레드 노스 화이트헤드(Alfred North Whitehead)는 그가 케임브리지에서 수학을 배우고 있었던 젊은 시절, 그 당시 정말 명성을 날리던 가장 저명한 수학자 몇 분에게 사사하고 있었는데, 그의 생존시에만도 이들 학자들의 수학원리, 그 중에는 몇 세기 동안 건재해 오던 정리 중 많은 것이 뒤엎어지는 것을 자기 눈으로 실제로 보면서 살아왔다고 그의 한 논문에서 밝히고 있습니다. 아마도 옛날 사람들은 "불, 물, 흙, 공기"가 모든 현상을 대표하는 하나의 분류이고, 이것은 영구히 통용되리라고 생각했었을 것입니다. 우리들은 폐쇄된 시스템 속에서 살고 있는 것이 아니므로, 지식이 절대적인 것이며, 그 자체내에서 절대적인 관계를 갖고 있다고 그렇게 말하는 것은 완전히 틀린 관점입니다. 나는 인간이 아무리 원자의 세계를 깊이 통찰한다고 하더라도 자연은 항상 한 걸음 더 앞서 가 있는 것 같다고 말한 엔리코 페르미(Enrico Fermi)의 이야기를 들은 기억이 있습니다. 거기에는 항상 그 이상 나아갈 여지가 있습니다. 커터가 그의 규칙을 펴낸 1876년도의 문헌정보관에서 시행되었던 것과 오늘날 문헌정보관에서 시행되고 있는 것과는 아주 다른 것이기에, 이렇게 알게된 사실은 문헌정보사들에게는 당연히 중대한 문제를 제기하게 됩니다. 백년 후에 문헌정보사들이 사용하게 될 서지조직 시스템이나 서지도구는, 듀이나 커터 및 그들 동료들이 사용했던 시대의 것과 오늘날 우리가 사용하고 있는 것과는 많이 다른 것처럼, 아마도 그때 가서는 현재 것에 비해 또 훨씬 다를 것이라고 생각합니다. 따라서 생물분류학적 의미, 아니 바꾸어 말해서 지식의 본질이 어떠한 것이든 간에 그 지식의 본질에 의해서 분류하려는 인식하에서는 분류란 더 진척이 되지 않을 것입니다.

6. 막흐루프의 분류

6.1 사용목적에 따라서

나는 막흐루프가 정보와 지식을 동의어로 보는 데 대해서 비판을 했습니다. 그러나 지식의 활용이라고 하는 점에서 보면, 그가 전개한 지식의 분류는 아마도 지금까지 거론되어 온 생물학적 분류보다는 훨씬 더 우리들의 목적에 부응하는 것이라고 생각합니다. 막흐루프는 지식의 유형을 그 이용에 따라서 분류하면 다섯 가지가 있다고 주장하고 있습니다. 그의 분류가 최상의 것이라고 할 수는 없을지라도 그 것은 어느 정도 초점이 들어맞았고, 여기서 내가 이야기하고자 하는 목적에도 관련이 있다고 생각합니다. 그도 우리들과 마찬가지로 모색 중에 있는 것 같습니다. 나는 지식에 관한 이러한 문제에 대해서 해답을 갖게 된다고 분명하게 말은 하지 못합니다. 그러나 그가 모색 중이기는 하지만 적어도 그의 직감력만은 바른 방향으로 설정되어 있다고 하겠습니다.

6.1.1 실용적 지식

막흐루프는 첫 번째로 실용적인 지식, 즉 수단으로 쓰이는 지식이 있다고 말합니다. 이것은 물론 우리가 일상생활에서 사용하고 있는 지식입니다. 이 지식이란 예컨대, 물리학자가 그의 연구나 그가 현재 하고 있는 어떤 것을 해 나가는데 곧 바로 응용할 수 있는 물리학의 논문으로부터 시작해서 여러 가지가 있습니다. 즉 이와 같이 물리학의 기술논문으로부터 새로 구입한 진공청소기의 사용법을 설명하는 조그마한 안내서에 이르기까지 다양한 여러 가지가 있습니다. 게다가 극단적인 것은 수단으로 쓰이는 지식입니다. 즉 그것은 일종의 취급방법을 다루는 지식을 말합니다. 이것은 현대와 같은 고도의 기술사회에 있어서는 아주 널리 쓰이는 지식의 한 가지입니다. 원시사회에서는 이와 같은 실제적인 지식은 아마도 거의 전부가 구전이나 말로 전달되었습니다. 경험이 많은 사냥꾼은 젊은이들에게 활과 화살을 사용하는 방법, 화살촉을 만드는 방법, 또는 그 촉에 독을 바르는 방법을 들려 주고, 이렇게 해서 일용할 양식용 짐승을 잡을 수 있는 방법을 알려 주었습니다. 물론 우리들의 기술이 훨씬 복잡해지고 필사기록물의 역할에 크게 의존하게 됨으로써 현재 보는 바와 같이 수단으로 쓰이는 지식의 양도 방대하게 된 것만은 틀림없습니다.

6.1.2 지적 지식

두 번째 범주는 지적 지식 즉, 인류의 지적 과정에 관련해서 존재하는 지식입니다. 실용적 지식과 지적 지식, 이 두

지식 사이에는 경계선이 매우 애매하다는 것을 바로 아실 것입니다. 지적 지식이란 무엇입니까? 지적 지식은 아주 수단적일 수도 있고, 매우 실제적일 수도 있습니다. 여러분이나 나에게는 지적 지식일 수 있는 것이 철학자에게는 지극히 실용적일 수도 있습니다. 그러나 적어도 막흐루프는 여기서 이용상의 구별을 하려고 시도한 것이라고 생각합니다. 이 두 범주, 실용적 지식과 지적 지식과를 갈라 놓는 경계선은 이론적으로는 뚜렷하지만, 실제로 그것을 적용할 때는 좀 분명치가 않습니다. 여기서 다시, 책이란 절대적인 의미로서는 사실상 아무것도 말하지 않는다는 지난번 내 이야기를 상기해 보십시다. 책이란 여러분이 그것에 무엇인가를 부여하는 것입니다. 여러분은 책에 실제적인 유용성을 부여하거나 또는 순전히 지적인 용도만을 부여할 수도 있을 것입니다.

6.1.3 영적 지식

막흐루프가 말하는 세 번째 범주는 영적 지식입니다. 육신의 세계를 떠난 인간의 영혼과 생을 설교하는 저서, 즉 위대한 종교서 및 윤리적, 도덕적인 모든 지식이 이에 해당됩니다. 그런가 하면 이 부류의 지식과 지적 지식간의 경계선도 결코 명확하다고는 할 수 없습니다. 영적 지식의 대부분은 목사, 사제, 종교지도자에게 있어서는 실용적인 지식이라고 생각됩니다. 즉 이 지식은 이들의 직업상 이용되기 때문에 이것은 바로 수단으로 쓰이는 지식인 것입니다. 이런 것을 볼 때, 이와 같은 구분이 항상 얼마나 유동적인 것인가를 알 수 있을 것입니다.

6.1.4 오락적 지식

네 번째 범주는 막흐루프가 오락적 지식이라고 말하는 것을 일컫습니다. 우리 모두가 어느 때는 순수 레크리에이션으로, 또는 마음속의 즐거움을 위해서 책을 읽습니다. 내 친구 중에는 수학자가 있는데 그는 심심풀이로 난해한 수학논문을 읽습니다. 적어도 나 같은 사람에게는 이와 같은 독서가 실제로 이해되지도 않겠지만, 설령 된다고 하더라도 틀림없이 그것은 지적 지식에 해당될 것입니다. 이런 식으로 어떤 한 사람에게는 오락적인 것이 물론 다른 사람에게는 실용적, 수단적 혹은 지적 지식이 될 수 있는 것도 사실입니다.

6.1.5 불필요한 지식

그리고 마지막으로 불필요한 지식이 있습니다. 이것은 언제라고 말할 것도 없이 우리가 항상 듣게 되는 지식입니다. 나는 지난번에 우리의 신경계에 끊임없이 전파되어 감각기관을 스쳐가는 정보를 거절하는 뇌의 능력에 관해서 말씀드린 바가 있습니다. 즉 그것은 우리들에게 별다른 가치가 없기 때문에 거절하는 것입니다. 내 팔이 책상에 닿았을 때, 거기에 닿는 느낌과, 그리고 나서 그 느낌을 별생각 없이 무시해 버리는 경우를 말한 적이 있습니다. 사실 쓸데없는 지식이 엄청나게 많습니다. 미국에서 살면은 잠깐 동안 텔레비전만 켜봐도 그렇습니다. 곧 사용 가능한 것보다도 별로 쓸데없는 지식을 더 많이 얻어듣게 될 것입니다. 비록 그것이 쓸데없는 것이라고 할지라도 그대로 기억에 남아 있는 지식이 상당히 많을 것입니다. 그러나 아마 텔레비전의 광고방송을 지식이라고 여기지는 않을 것입니다. 어쩌면 이러한 것은 마치 기문을 열어 놓았다가 기공을 닫아 버리게 하는 바로 흔적지각기관의 자극에 지나지 않는 것이라고 불러야 할 것입니다.

이제, 있을 수 있는 지식의 여러 가지 유형을 밝히려고 하는 시도나 전지식체계 자체의 상호관계성의 복잡성에 관해서는 적어도 어느 정도 충분히 설명을 다 했다고 나는 생각합니다.

7. 주제의 구성양식

그런데, 이 논의를 어디까지 해야 할 것인가? 맨 처음에 말씀드린 바와 같이 나는 여기서 결론 같은 것을 내리자는 것이 아니라 다만 문제를 제기해 보자는 것이었습니다.

이 강연 시간이 끝나기 전에 꼭 다루어야 할 또 하나의 연구과제가 있다고 생각합니다. 그것은 바로 지식발달의 형태론에 얼마만큼이라도 주의를 기우리는 일입니다. 이 점에 있어서는 다시 나의 아주 친한 친구 랑가나단 박사님에 대해서 언급하지 않을 수 없습니다. 이 영역에 있어서는 랑가나단 박사님이 다른 어느 누구보다도 훨씬 앞선 분석을 하신 것으로 생각되기 때문입니다. 박사님이 문헌정보학계에서 완전히 은퇴하기 전에 이 이론을 훨씬 더 전개시켜 주시기를 바라고 있습니다. 하지만 같은 동포인 여러분은 나보다도 훨씬 더 이 분을 잘 아실 것이므로 자세히 말씀드릴 것까지는 없겠습니다만, 박사님의 지식발달 형태의 네 가지 형식 ―나출화, 해체, 성층화, 느슨한 조합― 은 지식을 이해하는데 있어서 지대한 공헌을 했다고 생각합니다. 이 이론은 문헌정보학의 기본철학에 대한 박사님의 가장 뛰어난 지적 공헌으로 손꼽힐 것입니다. 혹시 박사님께서는 그것을 별로 대단치 않은 것으로 여기실지 모르나, 확실히 이런 연구 중에서는 가장 소중한 것이라고 생각됩니다. 내 자신이 꽤 젊었을 당시 이 이론을 처음 접하고서 대단히 큰 감명을 받았습니다. 그것은 지식이 어떻게 발달하고, 어떻게 불어나는가에 대한 하나의 아주 진지한 시도이며, 여러 면에서 아주 성공적인 시도라 여겨졌기 때문입니다. 박사님의 이론은 오히려 철학적인 의미에서 여전히 필요하고 필요시 되겠지만, 그것은 지식의 성질에 대한 매우 애매한 문제에 대해 정말 하나의 중요한 통찰력을 주고 있다고 생각합니다.

8. 지식사회학

8.1 사회인식론과의 관계

이제 마지막으로 사회인식론에 관련해서 지식사회학에 관해 몇 마디 말씀드리려고 합니다. 우리들은 지식사회학에 관해서는 많이 들어 왔습니다. 여기서 내가 사용하고 있는 의미의 사회인식론이란 말은 지식사회학이란 말을 거의 뒤집어 놓은 말이나 다름없습니다. 지식사회학은 사회조직이 사상에 미치는 영향을 다루는 것입니다. 문화인류학자는 이 점에 많은 관심을 기우려 왔습니다. 또한 과학사가도 마찬가지로 그랬습니다. 지식은 사회사상, 사회적 사실에 의해서 어떻게 영향을 받았는가? 환언하면, 사회에 의한 지식의 조건성숙이 지식사회학의 실체입니다. 과학의 발달뿐만 아니라 예술사회사는 이 학문의 좋은 예가 될 것입니다. 볼딩이 말한 것처럼, 사회의 가치체계가 문화의 이행에 있어서 어떻게 녹아 들어간 것인가? 이에 대해 사회인식론은 거의 정반대입니다. 그것은 지식에 대한 사회의 영향이 아니라 사회에 대한 지식의 충격, 즉 말하자면, 사회에 대한 지식의 영향을 다루고 있습니다. 우리는 물론 이 복잡한 현상, 즉 아주 완전하게 이해할 수 없고, 따로 분리해서 이해하기도 매우 어려운 이 현상에 관심을 가지고 있습니다. 그러나 이번 3차 강연이 이제 끝날 때가 가까워 온 이상, 지식사회학과 사회인식론간의 서로 다른 점에 관해서 몇 말씀을 꼭 드려야 하겠습니다. 이 구별은 매우 중요합니다. 용어가 유사하기 때문에 이 둘은 혼동하기가 매우 쉽습니다. 그러나 사회인식론이란 이 새로운 학문이 이미 지식사회학 분야에 속해 있는 것으로 생각하시는 분이 계시다면 그대로 두고 넘어갈 수는 없습니다. 그것은 그렇지 않습니다. 우리들은 그런 생각과는 완전히 정반대되는 입장에 관해서 말씀드리고 있습니다.

8.2 사회인식론과 문헌정보학

그렇다면 궁극적으로 사회인식론은 문헌정보학과는 어떠한 관계가 있는 것입니까? 문헌정보학에 관해서 많은 말들이 있었습니다. 즉 문헌정보학이란 것이 있을 수 있는것인가, 그렇지 않은 것인가에 대해서 많은 논쟁이 있었습니다. 요컨대 문헌정보학이 학인가?라는 것입니다. 문제는 '문헌정보학이 하나의 학문이냐'가 아니라 정말로 문헌정보학이 어떠한 학문인가 하는데 있습니다. 이것이 바로 기본적인 문제점이라고 생각합니다. 여기서 나는 사회인식론이 문헌정보직의 그 기반이 되는, 즉 그렇게도 오랜 동안 우리들이 추구해 온 그 지적 기초를 문헌정보학에 제공할 수 있다고 말씀드리고 싶습니다. 이 점에 대해서는 문헌정보사교육을 다루는 마지막 강연에서 좀 더 자세히 말씀드리겠습니다.

문헌정보사의 책임은 기록된 것, 즉 볼딩의 말을 빌리자면, 사회가 그 사회 자체에 대해서 알고 있는 것과 자기가 살고 있는 세계에 대해서 알고 있는 전부를 기술한 필사기록물에 대해서 효과적이고도 효율적으로 관리하는 일입니다. 그리고 문헌정보사의 책임에는 사회의 조직체가 알고 있는 것, 그것의 사실뿐만 아니라 그것의 가치, 그것의 현실뿐만 아니라 동시에 그것의 이상도 포함되어 있습니다. 문헌정보사는 동시에 역사적이면서도, 현세적이고 미래를 예견하는 자입니다. 그러니까 개인 및 사회에 있어서 인식과정을 이해하고, 그 이해가 봉사로 이행할 수 있을 때, 비로서 문헌정보사는 그의 사회적 책무를 최대한 효과적으로 수행할 수가 있습니다. 이것이 바로 문헌정보학의 참다운 지적 기반이라고 말씀드리고 싶습니다. 내가 여기서 줄곧 지켜 본 이 학문의 발전에 있어서, 일단 어느 만큼은 전진과 발전을 가져 온 이상, 이제 문헌정보학이 존재하느냐 안하느냐에 관해서 더 이상 염려할 필요는 없을 것입니다. 정말 우리가 하고 있는 이 활동에 대해서 더 이상 말씀드릴 필요가 없을 것입니다.

〈참고문헌〉

1. Barber (Bernard) and Hirsch (Walter), ed. Sociology of science. Illinois; The Free Press, 1962.

2. Boulding (Kenneth). Image. Ann Arbor; University of Michigan Press, 1956.

3. Cassier (Ernst). Problem of knowledge. New Haven; Yale University Press, 1950.

4. Childs (V. G.). Society and knowledge. New York; Harper, 1956.

5. Grene (Marjorie). Knower and the known. London; Faber, 1956.

6. Harbison (Frederick) and Myers (Charles A). Education, manpower, and economic growth. New York; McGraw-Hill, 1964.

7. Kochen (Manfrod), ed. Growth of knowledge. New York; Wiley, 1967.

8. Koestler (Arthur). Act of creation. New York; Macmillan, 1966.

9. Lovejoy (Arthur O). Great chain of being. 1956.

10. Machlup (Fritz). Production and distribution of knowledge in the United States. Princeton, New Jersey; Princeton University Press, 1962.

11. Maritain (Jacques). Degrees of knowledge. Chicago; New York; Scribner, 1959.

12. Polanyi (Michael). Personal knowledge. Chicago; University of Chicago Press, 1958.

13. Popper (Karl R). Conjectures and refutations: The growth of scientific knowledge. London; Routledge and Kegan Paul, 1963.

14. Ranganathan (S. R). Colon classification and its approach to documentation.: Shera (J. H) and Egan (Margaret E), ed. Bibliographical organization. 1951. p.94 to 105.

15. _______________. Prolegomena to library classification. ed. 3. Bombay; Asia Publishing House, 1967. Part P.

16. Shera (J. H). Documentation and the organization of knowledge. London; Crosby Lockwood, 1965.

17. _________. Libraries and the organization of knowledge. London; Crosby Lockwood, 1966.

18. Wood (Ledger). Analysis of knowledge. London; Allen and Unwin, 1940.

Ⅳ. 추이와 변천

1. 변화

1.1 변화의 종류

문헌정보직은 현재 꽤 급격한 변화의 시기를 맞이하고 있는 것이 분명합니다. 그래서 이번 강연에서 검토해 보려고 하는 것도 이 변화의 본질입니다. 사회의 변화는 그 어느 것이나 범위가 넓어지면 그만큼 상당한 혼란을 초래하게 되는 것입니다. 이러한 변화는 모든 사람들이 꽤 익숙한 듯 하면서도 어딘지 편치 않은 이런 세계를 무너트려 버리고, 그 대신 거기에 얼마간은 서먹서먹한 감이 있지마는 그런대로 새로운 세계로 바꿔 놓는, 말하자면 일련의 적대행위와 같은 이런 변화라고 보면 알기 쉽습니다. 이와 같은 변화는 —이것은 문헌정보직에 관해서도 마찬가지입니다— 물질적, 지적의 양면이 있을 수 있습니다. 그것은 낡은 건물을 헐어 버리거나, 그렇지 않으면 적어도 낡은 건물을 개축하는 것에 비유할 수도 있고, 혹은 낡은 지적 한계선을 없애버리는 것으로 비유할 수도 있습니다. 그렇다면 변화의 문제는 엘팅 모리슨(Elting Morison)이 심혈을 기우려 쓴 「인간, 기계, 현대」란 책에서 지적한 바와 같이, 이 걷잡을 수 없이 휘몰아치는 풍랑의 시기를 될 수 있는 한 얼른 보내고, 가능한 한 조용히, 그리고 신속히 이 변화의 현실을 똑바로 봄으로써 추이의 시기, 큰 불행의 시기를 최소한으로 줄이는 데 있습니다. 그러면 문헌정보직에 있어서 이와 같은 변화란 무엇입니까? 그리고 이것은 어떻게 일어나고 있습니까? 문헌정보직에 있어서 급격히 변화 발전되고 있는 것은 바로 이 두 영역이라고 생각합니다. 그 첫째는 문헌정보직의 기술면에서 일어나고 있으며, 그다음은 학문의 지적면에서 일어나고 있습니다.

1.2 기술의 변화

1.2.1 기술변화의 두 면

먼저 기술면을 거론해 봅시다. 문헌정보직에 있어서 기술의 변화는 두 가지로 나타나고 있습니다. 분류를 배우는 대부분의 사람들과 마찬가지로 내가 현상을 둘로 나누는 이분법 버릇이 들어 있음을 아실 것입니다. 이 기술은 물리적으로 입수하기 쉬운 면과 또 다른 면으로는 내용적으로 입수하기 쉬운 면, 즉 이 두 면에 관련이 되어 있습니다.

2. 쉽게 입수할 수 있는 방도

2.1 물리적으로 쉽게 입수할 수 있는 방도

물론, 물리적으로 손쉽게 입수할 수 있다는 것은 이용자가 쉽게 입수할 수 있는 장소에 자료를 비치하여 그 실용자료를 쉽게 이용할 수 있도록 만들어 놓은 것을 뜻합니다. 내용적으로 손쉽게 입수할 수 있다는 것은 그 자료의 지적 내용의 분석을 뜻합니다. 물리적으로 쉽게 입수할 수 있는 방도란 지금 변화를 겪고 있는 문헌정보직의 두 변화 중에서도 먼저 일어난 것을 말합니다. 내가 문헌정보관계에 처음 들어왔을 때, 특히 희구한 자료나 문헌정보관이 쉽게 구득할 수 없는 자료, 혹은 신문과 같이 계속 쌓이는 자료들을 모두 마이크로필름으로 대치하고자 하는 문헌 마이크로화의 이야기가 한창 논의되고 있었음을 생생히 기억할 수 있습니다. 마이크로필름 기기의 개발로 1970년대 초에는 이미 이러한 많은 일들이 진척되고 있었습니다. 어떤 사람들은 결국 마이크로필름이 문헌정보관 운용의 전체양상을 바꾸어 놓게 될 것이며, 결국에 가서는 마이크로필름의 역할이 책을 대신하게 될 것이라고까지 예언을 했습니다.

2.2 마이크로필름화는 곧 다큐멘테이션과 같다.

대서양 이쪽에서는 오뜨레와 라 퐁텐(Paul Otlet and Henry La Fontaine)이 19세기 말엽에 다큐멘테이션이란 말을 처음 쓰기 시작했으며, 곧 마이크로필름의 이용이란 말로 널리 해석되었습니다. 미국문헌정보관협회에 처음 설치되었던 마이크로포토그라피위원회는 결국 미국 다큐멘테이션협회에 병합되었으며, 바로 최근에 미국정보과학자협회로 그 명칭을 바꾸었습니다. 사이언스 서비스(Science Servis)사의 와트슨 데이비스(Watson Davis)나 버논 테이트(Vernon Tate) 및 그들 동료들의 협력에 의해서 마이크로 사진술이 다큐멘테이션 분야를 거의 완전히 지배하였습니다. 그 당시의 마이크로필름은 학자가 개인적으로 라이카 카메라나 또는 그 정도의 카메라를 사용해서 찍은데 지나지 않았으며, 그 사진자료에 대한 축소율도 비교적 낮아서, 즉 10분의1 혹은 어느 것은 20분의1 정도이었습니다. 사진감광유제의 개선으로 말미암아 이러한 초기의 유치한 기술은 곧 구식이 되어 버렸습니다. 이러한 축소율은 현재의 것에 비하면 꽤 큰 대형으로 생각됩니다. 그러나 1940년대 중반까지만 하더라도 별로 신통치 않았으며, 1940년대 후반과 1950년대에 와서야 마이크로 사진술이 제대로 제자리를 잡으면서 마이크로피시, 마이크로오팩, 슬라이드 등의 광범위한 이용을 가져왔습니다. 이런 종류의 것은 문헌정보관에서는 어디서나 볼 수 있게 되었습니다. 확실히 제2차 세계대전 중 문서 복제를 위해 마이크로필름을 이용한 것이라든지 V우편의 사용 ─이스트맨 코닥사(Eastman Kodak Company)에서 개발한 기술로서 해외로 우송하는 병사의 편지를 마이크로 필름에 담은 것─ 으로 일반 사람들의 생각에는 반드시 마이크로필름 시대가 닥쳐 오리라고 어느 정도는 생각 했지마는, 역시 마이크로필름의 이용을 아주 일반화하여 널리 이용하게 한 것은 아마도 프레몬트 리데(Fremont Rider)의 논문 「학자와 연구문헌정보관의 미래」이었던 것 같습니다. 1936년 로버트 빙크레이(Robert Binkley)가 연구자료 복제방법에 대한 획기적인 조사를 발표한 이래, 참으로 잘 진척되어 왔습니다. 오늘날에는 축소율이 거의 무한정 이루어질 수 있다고 생각될 정도입니다. 그러므로 요새는 마이크로필름은 당연한 것처럼 아주 널리 쓰이며 일반 문외한까지도 그렇게 생각하게 되었습니다.

2.3 마이크로필름의 가능성

존 아르. 플라트(John R. Platt)는 그의 최근 저서 「인간에의 길」이란 책의 첫 장에 실은 "책은 어떻게 될 것인가?"라는 글에서, 그는 축소화의 가능성에 대해서 꽤 흥미 있는 견해를 피력하고 있습니다. 그는 생물체가 정보를 미분자의 수준에서 축적할 수 있다면 "인쇄된" 형태의 정보도 또한 그와 마찬가지로 고도의 축소화를 이루지 못할 까닭이 없지 않겠는가라는 논의가 있었다고 말하면서, 그에 대한 논거가 서 있지 않은 것도 아니라고 분명히 말하고 있습니다. 이 주장의 구체적 예증으로서, 그는 캘리포니아공과대학(California Institute of Technology)의 리처드 피. 핀먼(Richard P. Feynman)의 연구를 들고 있습니다. 핀먼에 의하면 전자펜을 사용해서 50에서 100 옹스트롬(Å)* 배율로 글자를 금속판에 새겨 넣는 것은 현재의 기술로서도 충분히 가능하다는 것입니다. 400옹스트롬(Å) 내지 500옹스트롬(Å) 글자 크기는 2만 분의 1밀리미터(mm)의 크기와 거의 같습니다. 실제로 독일의 물리학자 지. 묄렌슈테트(G. Möllenstedt) 박사는 전자펜으로 자기 이름의 첫 머리 글자를 80옹스트롬(Å) 크기로 썼습니다. 이와 같은 기술을 사용하면 500페이지의 두터운 책 1,000권쯤은 1.5 평방인치에 완전히 수록가능하며, 세계의 문헌을 마치 속담에 나오는 조그마한 핀 하나 정도에 모두 수록할 수 있다고 하는 것도 무리는 아니라고 핀먼은 말하고 있습니다. 그런데 이렇게 극단적인 고도의 축소율, 이러한 극단적인 고도의 정보 압축이 과연 필요한 것인가에 대해서는 분명히 의심의 여지가 있는 것 같습니다. 그런데도 최근까지도 오하이오주 데이튼(Dayton)에 있는 내셔널

---

* 옮긴이 풀이: Å(Ångstrom) – 빛의 파장이나 원자의 배열 등을 측정하는 길이의 단위: 1mm의 1,000만분의 1

캐시레지스터사 (National Cash Register Company)는 피시엠아이(PCMI)―포토-크로믹 마이크로 이미지(Photo-Chromic Micro Image)―라고 부르는 기술에 의해서 신구약이 다 수록된 성경전문을 대충 1.5평방인치 크기의 플라스틱판에 수록해 냈습니다. 물론 이러한 고도의 축소기술에는 먼지 제거, 렌즈의 해상력 등과 같은 기술적 문제가 따릅니다. 그러나 실용 가능성은 이미 실증되었으며 데이튼에 있는 이 회사에서는 지금도 이 방면의 상업화 작업을 추진하고 있습니다.

2.4 내용적으로 쉽게 입수할 수 있는 방도

2.4.1 물리적으로 쉽게 입수할 수 있는 방도만으로는 불충분하다

드디어 학자가 의회문헌정보관의 전장서를 자기의 책상 위 파일 캐비닛 속에 넣어 둘 수 있는 시기도 그렇게 먼 일은 아닌 듯 싶습니다. 그러나 여러분도 같은 생각일 줄로 알지만, 이것만으로는 반쯤 성공한 것에 지나지 않습니다. 의회문헌정보관에 있는 것을 전부 자기 책상 파일에 가지고 있다고한들 그 내용을 쉽게 찾아낼 수 없다든지, 자기가 찾고 있는 일종의 정보, 혹은 찾고 있는 문제의 해답을 거기서 찾아낼 수 없다면 그것은 사람들에게 무슨 소용이 되겠습니까? 그래서 우리들은 내용적으로 쉽게 입수할 수 있어야 한다는 문제에 바로 맞닥뜨리게 됩니다. 우리들은 문헌을 꼭 가지고 있어야 하겠지만, 또한 그 문헌이 지니고 있는 정보를 얻어내는 방법도 가지고 있지 않으면 아니 됩니다. 이러한 고도의 사진 축소기술은 달리 입수할 수 없는 자료들을 수록해 올 수 있기 때문에 나무랄 데 없는 가치를 가지고 있습니다. 그러나 그것은 또한 읽기 행위를 그만큼 어렵게 만든다는 사실도 인정하지 않으면 아니 됩니다. 분명코 그것은 학자들이 갖고 있는 문제에 대해서 완전한 해결책은 아닙니다. 그리고 사람들이 정말로 이러한 이용에 익숙해질지도 적이나 의심스럽습니다.

2.4.2 초기의 발달

마이크로필름 작업보다도 조금 늦게서야, 사진으로 만들어진 자료들의 내용을 쉽게 입수할 수 있는 방도에 관해서 진지한 관심을 갖기 시작했습니다. 일찌기 1930년대 말에, 뉴욕에 있는 카네기재단의 전무이사이었던 고 페데릭 케펠(Federick Keppel)은 「내일의 문헌정보관」이란 표제로 에밀리 밀러 단턴 부인(Mrs. Emily Miller Danton)이 편집한 책 속에서, 오늘날의 아이비엠(IBM)사 및 그밖의 여러 다른 컴퓨터 기기사의 전신이라고 말할 수 있는, 그 당시의 홀러리드(Hollerith)기계가 문헌정보관자료의 색인화를 할 수 있을 거라고 생각했었습니다. 물론 이러한 목적을 위해서 그는 펀치카드 조작장치의 사용에 관해서 생각을 하고 있었습니다. 정말 나와 나의 몇몇 동료 모두가 시카고대학교의 학생이었을 그 당시, 자료내용을 분석하기 위해서 카드목록 대신에 아이비엠 펀치카드를 사용할 수 있지 않겠는가 하는 가능성에 관해 자주 이야기한 적이 있었습니다. 이 기술을 새로이 추진해서 크게 전진시킨 것도 바로 마이크로필름의 경우와 마찬가지로 제2차 세계대전이 계기가 되었습니다. 여기서 잠깐 내 자신의 일을 말씀드린다면 전시 중 전략서비스국에 있었을 때의 일인데, 미국검열국으로부터 받은 자료를 분석하기 위해서 일람표식 펀치카드 장치를 사용해서 몇 가지 미숙한 경험을 해본 적이 있습니다. 외국, 특히 적국에서 온 우편물을 분석하는 것이었습니다. 이 경험은 모두가 매우 미숙한 것이었으며, 그리고 오늘날에는 정말로 유치하게만 보일 것 같습니다. 그럼에도 불구하고 우리들은 언제가는 이루어질지도 모르는 어떤 필요한 조치를 찾아 보기 위해서 많은 실험을 거듭했었습니다. 전후 응용수학의 눈부신 발전과 컴퓨터 산업에 있어서 하드웨어의 발달은 문헌정보관이 가지고 있는 여러 문제에 대해서 이 기술의 적용 가능성이 매우 크다는 것을 보여 주었습니다.

3. 소프트웨어의 발달

3.1 기록지식에 대한 뇌의 반응

그런데, 이 강연의 첫머리에서 내가 지적한 것처럼, 이와 같은 기기를 응용할 경우의 최대 난관은, 즉 다시 말해서 문헌정보관 운영에 이러한 기술을 적용하고자 할 때 가장 큰 문제는 하드웨어 디자인에서 생기는 것이 아닙니다. 문제의 하드웨어는 아주 정교하게 되어 있습니다. 기술자들은 아주 철저하고 빈틈없이 일을 해냈습니다. 그들은 현재도 자기들의 일을 잘 하고 있습니다. 문제는 소프트웨어쪽에 있습니다. 우리들은 두뇌가 어떻게 움직이고 기록정보에 어떻게 반응하는가를 알지 못하기 때문에 참으로 곤란한 문제에 당면하게 되는 것입니다. 마이클 폴란니(Michael Polanyi)는 「무언의 깨달음의 경지」라고 제목을 붙인 시사적인 조그마한 책자에서 '무언의 깨달음의 경지'야말로 인간이 입으로 말할 수 있는 그 이상의 것을 깨달을 수 있게 하는 인간만이 지니는 특징이라고 말하고 있습니다. 사람들이 자주 거론하고 있는, 이른바 정보검색 시스템의 발전에 방해가 되는 것도 바로 이 무언의 깨달음의 경지라는 것입니다.

3.2 표현의 어려움

우리들은 모두가 입으로 말할 수 있는 그 이상의 것을 알고 있습니다. 지극히 단순하고 초보적인 예로서 이것을 설명할 수 있습니다. 우리들은 누구나 구두끈을 매는 방법을 다 알고 있습니다. 매일 아침, 때로는 하루에도 몇 번씩이나 구두끈을 맵니다. 이것은 우리가 어렸을 때 이미 몸소 경험하여 얻은 솜씨이며, 이제는 아주 손에 밴 솜씨이기도 합니다. 그러나 여러분이 구두끈 매는 법을 말로 설명할 것을 글로 설명해 보려고 할때, 시범이나 예를 든다든지, 그림을 그려 보여 준다든지, 어떤 특유한 기능시범을 그려 설명해 준다든지, 이렇게 하지 않는한 결코 쉬운 일이 아니라는 것을 여러분은 알고 계시리라고 생각합니다. 이 과정을 말로써 완전하게 표현하기란 불가능에 가깝다고까지는 못하겠지만 지극히 어려운 일입니다. 여러분이 원하는 한, 이와 같은 아주 간단한 실례는 얼마든지 들 수 있습니다. 우리들은 누구나 입으로 말하거나 이야기 할 수 있는 것 보다도 더 많은 것을 알고 있습니다. 오늘날까지도 여전히 기록지식을 이용하는 개인의 실제요구를 다 들어 줄 수 있는 시스템을 만들어 낼 수 없는 것은 우리들이 입으로 말할 수 있는 것보다도 더 많은 것을 알기 때문이고, 바로 폴란니가 말하는 '무언의 깨달음의 경지'란 것 때문입니다. 참고정보사들은 사람들이 누구나 자기가 말할 수 있는 것보다도 더 많은 것을 알고 있다는 사실을 물론 잘 알고 있습니다. 이용자가 자기의 요구를 말로 표현하려 할 때 제대로 말하려면 얼마나 어려운 것인가를 알고 있습니다. 그래서 현재까지도 인간과 기계 사이의 커뮤니케이션을 매우 어렵게 만들고 있는 것은 사람마다 자기의 요구나 관심을 그대로 명확하게 말할 수 없는 것, 즉 제대로 똑똑히 말로 표현하지 못하는데 있습니다. 기계와 시스템이 이 '무언의 깨달음의 경지'를 충분히 고려해서 만들어질 수 있도록 지금의 처리과정을 정교하게 꾸미고 있다고 생각하기 때문에 나는 자포자기하지 않고 있습니다. 그러나 그 목표지점에 이르기까지는 아직도 요원한 것만은 틀림없습니다.

3.3 문헌검색 대 정보검색

3.3.1 기계출납수

나의 오랜 친구인 로버트 페어돈(Robert Fairthorne)이 아주 적절히 지적한 바와 같이, 우리가 지금까지 고안해 온 이른바 정보검색 시스템의 대부분은 정보검색 시스템이 아닙니다. 그것은 문헌검색 시스템입니다. 나더러 말하라고 한다면, 그것은 기계 혹은 전자식 출납수라고 하겠습니다. 그것은 우리들에게 문헌이 어디 있는가를 알려 주거나, 어떤 경우에는 실제로 문헌을 있는 그대로 또는 마이크로필름

형태로 가져다 줄 수도 있습니다. 한 15년 전에 이스트맨 코닥(Eastman Kodak)사의 미니카드 시스템이 꽤 떠들석했음을 잘 알고 계시리라고 생각합니다. 이 기계는 대형 우표 크기만한 마이크로필름의 비트(bit)를 파일해서 검색하는 것입니다. 각 필름의 비트에는 한편 끝에 코드가 적혀 있고, 다른 한편에 원문(text)이 적혀 있습니다. 기계는 코드의 용어, 코드의 디소오러스(thesaurus)에 의해서 프로그램이 짜이게 됩니다. 그리고 마이크로필름의 파일은 컴퓨터기사가 말한 대로, 탁 쳐서 닿게 되면 검색이 되면서 곧 스트로보스코프 조명(stroboscopic light)에 의해서 자동으로 문헌의 사진영상이 기록되는 것입니다. 이 미니카드에 대한 설명은 폴란니가 이야기하고 있는 것의 한 좋은 실례입니다. 이 미니카드는 공학기술의 아주 훌륭한 작품입니다. 미니카드의 기술화나 미니카드에 쓰이고 있는 광학 시스템은 아주 뛰어난 것입니다. 그러나 이것도 결국은 한낱 기계출납수에 지나지 않습니다. 그것은 프로그램이 짜여진 방식에 따라서 문헌을 분류하고 그다음에 검색을 계속해서 지시한 요구에 맞는 필름들을 사진 찍어내는 것입니다.

3.4 구별에 따른 난관

내 생각으로는 정보검색의 과제에 관한 한, 이와 같은 모든 연구방법의 최대 결점은 '문헌검색'과 '정보검색' 사이를 구별함으로써 우리가 궁지에 빠져들게 되었다는 것입니다.

3.4.1 플레이어-피아노의 예

다시 간단한 실례를 들어 볼까 합니다. 지금 여기서 예를 들어 보고자 하는 것은 여러분보다는 오히려 미국 청중에게 훨씬 적당할는지도 모르겠습니다. 그러나 여러분 중 많은 분들이 아무튼 구식 플레이어-피아노(자동 피아노)를 분명히 보셨을 것입니다. 이 악기는 보기에 따라서는 아주 원시적인 일종의 컴퓨터이었습니다. 그것은 펀치된 긴 두루마리 종이 테이프를 사용했으며, 이 테이프를 통해서 압축공기가 취입되게 되고, 다시 이 압축공기가 오늘날 전류의 힘으로 건반을 움직이게 하는 것과 똑같이 피아노의 건반을 움직이게 했습니다. 이와 같이 해서 음악은 테이프에 있는 구멍의 구성에 따라 만들어져 나옵니다. 그래서 이것은 실제로는 피아노의 기계적 연주에 응용된 하나의 펀치테이프 기술입니다. 이러한 피아노들은 현세기에 접어들면서 미국 전역에서 아주 흔히 볼 수 있었습니다. 사실 대도시 밖에 사는 많은 사람들에게는 이 플레이어-피아노는 좋은 음악을 들을 수 있는 유일한 수단이었습니다. 플레이어-피아노는 아주 일반적으로 보급되었을 뿐만 아니라 그 기술은 많은 관현악기의 연주에까지도 확대되었습니다. 이와 같은 종이 펀치테이프는 피아노 뿐만 아니라, 또한 모든 종류의 악기를 소리나게 했습니다. 즉 압축공기는 호른을 불었으며; 기계롤러는 바이올린의 현을 평평하게 하고 기계활은 현을 켰습니다; 드럼, 심벌즈 및 여러 가지 타악기들도 마찬가지었습니다. 이상의 모든 악기들은 펀치테이프에 의해서 조종이 되었습니다. 후에 공기시스템은 전기회로로 대체되었지만 그 원리만은 그대로였습니다. 그것은 베토벤(Beethoven)의 생생한 연주곡을 들려 주었으며, 그것은 그 나름대로 아주 좋았습니다. 여러분 모두가 언젠가 다 보실 수 있기를 바랍니다. 그 당시 플레이어-피아노와 악기의 변형인 이 음악기계들은 음악가가 자기의 악기를 연주할 때 취하는 육체적인 동작을 재연하는 장치로서, 즉 바로 음악가가 하는 것과 같이 피아노의 건반을 두드렸고, 호른을 불었고, 바이올린의 현을 켰습니다. 오늘날 이런 기계는 박물관이나 개인 수집가의 소장품에서나 찾아볼 수 있게 되었습니다.

3.4.2 에디슨의 연구법

그러나 무슨 일이 일어났는지 살펴봅시다. 오늘날의 축음기를 발명한 토마스 에디슨(Thomas Edison)의 이야기로 거슬러 올라가 봅시다. 나의 설명을 문헌에서 입증할 수는 없지만, 에디슨은 다음과 같은 방법으로 문제를 분석했을 것임이 틀림없습니다. 그는 먼저 자문자답했을 것임에 틀림없습니다. "음악이란 무엇인가? 음악은 소리다. 소리란 무엇인가? 소리란 공기의 진동으로 파동의 고저가 교차해서 일어나는 것, 즉 우리들이 말할 때나 소리를 나게 하는 어떤 동작을 취할 때 그것이 공기를 진동시켜서 높고 낮은 파동을 일으킴으로써 생기게 되는 공기파동이다. 진공상태에서는 어떤 소리도 통하지 않는다. 공기야말로 소리를 전하는 미디어이며, 소리의 높고 낮음은 진동의 도수에 따라 생긴다. 이 공기파동은 고막을 치고, 고막의 진동은 귓속 뼈를 통해서, 그리고 청각신경 시스템이나 망상조직을 통해서 뇌에 전해진다." 여기서 에디슨은 다시 이렇게 자문했을 것임이 틀림없습니다. "기계음악가를 만들어 낼 수 없을까; 기계로 된 귀를 만들어 내 보자; 음악가가 몸소 부르거나 연주하는 과정이 아닌, 듣는 과정을 기계로 재생해 보자." 그래서 에디슨은 회전하는 원반 위에 얇은 주석판을 놓고 나팔관의 좁은 끝 부분에 고무 진동판을 붙였습니다. 이 진동판에는 바늘이 붙어 있습니다. 그는 이 회전하는 주석판 원반 위에 바늘을 올려 놓고, 여러분도 아마 잘 아시는 어린이의 노래 "메리양의 작은 양"을 나팔관 쪽을 향해 소리내어 불렀습니다. 그 소리에 의해서 생긴 공기파동은 박막을 울리게 했고, 이 박막은 바늘을 움직이게 해서 이 바늘이 주석판 원반 위를 따라서 작은 홈을 내게 했습니다. 그리고서 에디슨은 바늘을 다시 이 홈에 되돌려 놓고서, 이 과정을 다시 돌게 했습니다. 그때 주석판에 그어진 홈의 파동은 바늘을 진동케

하고, 다음에는 박막을 울리게 하고, 그다음에는 공기파동을 내게 해서, 기계는 다시 "메리양의 작은 양"을 되들려 주었습니다. 이것은 오늘날까지도 축음기 기술의 기본이 되고 있습니다. 물론 우리들은 에디슨이 사용했던 귀 흉내를 낸 조잡한 기계 대신에 전기회로 방식을 쓰는 기법으로 기술을 개선했습니다. 그러나 이 기술은 기본적으로는 여전히 같은 것입니다.

이 기술은 자기 테이프가 출현되기까지는 사실상 변화된 것이라고는 할 수 없습니다. 여기서 분명히 지적해 두고 싶은 점은 바로 에디슨이 음악가의 동작을 기계로 재생하는 것에서부터 처음에는 기계귀, 후에는 전자귀 ─청각과정을 그대로 닮은─ 로까지 이행시킨 사실입니다. 그 결과로서 오늘날 여러분은 이 지구상에서 반 바퀴나 떨어진 곳에서 내 목소리를 들을 수 있게 된 것입니다. 즉 문헌정보관용어에 맞는 말로 바꾸어 말하면 에디슨은 기계출납수를 만든 것이 아니라 진정한 정보검색 시스템을 창안해 낸 것입니다. 그런데도 현재 우리들은 아직도 플레이어-피아노의 시대에 머물러 있는 실정입니다. 에디슨이 음악에서 이룩한 것을 우리들은 문헌정보직에서 여태껏 해내지 못하고 있습니다. 물론 에디슨은 그것을 쉽게 해냈습니다. 청각과정은 바로 볼 수 있고 금방 알 수 있게 되어 있어서 우리들은 그것을 보고 알 수 있으며 바로 거기에 답이 있습니다. 우리들은 그것을 연구할 수 있습니다. 우리들은 그것에 관해서 모든 것을 알거나, 적어도 상당히 알고 있습니다.

4. 사고의 분석은 어렵다.

사고과정은 명료하지 않습니다. 우리들은 그것을 알아차릴 수가 없습니다. 우리들은 에디슨이 청각과정을 분석했던 그런 방법으로 사고과정을 분석할 수는 없습니다. 그래서 정보검색에 관한 한 더 큰 일이 우리 앞에는 여전히 남아 있으며, 앞이 요원하다고 생각합니다. 거기에는 해결하지 않으면 안 될 기본문제가 많이 있습니다. 만일 사고과정의 분석을 하려고 한다면 에디슨이 축음기를 만들어 내기 위해서 했던 것과 같은 일을 여기서 하려고 하기에 앞서, 인식과정에 관해서, 생리학에 관해서, 그리고 신경학 및 전자공학에 관해서 더 많이 알지 않으면 아니 됩니다. 그러나 우리들은 결국 우리의 에디슨을 구할 수 있을 것이며, 혹 문제가 너무나 커서 어느 한 사람만으로 그 문제를 해결할 수 없을 때는 아마도 더 많은 에디슨을 구할 수 있으리라고 확신합니다. 우리들의 이와 같은 최후의 승리에 대해서 어떠한 의문도 있을 수 없으리라고 생각합니다.

5. 정보학

5.1 새로운 발전

물론 우리들은 많은 실수를 저지를지도 모릅니다. 이미 우리들은 많은 실수를 했을지도 모르며, 이제부터는 더 많은 실수를 저지르게 될지도 모릅니다. 그러나 우리들은 정보학이란 이 새로운 학문을 발전시키기 시작했으며, 이 학문이 결국은 학술연구에 매우 유익한 영역으로 통하기를 나는 기대합니다. 과학적 연구에 있어서는 막다른 골목에 뛰어 들어가 보는 것, 틀렸다고 하는 단서에도 매달려 보는 것, 되지 않는 일에도 끝까지 덤벼 보는 일 등에 너무 겁을 내서는 아니 되며, 또한 이런 데서 해답을 얻게 된다는 것도 잊어서는 아니 됩니다. 잘못은 비경제적일 수도 있습니다마는, 우리들은 거기서 배울 수도 있는 것이며, 그리고 과학적 연구에 있어서는 틀리지 않은 것에서 보다도 틀린 것에서 더 나은 연구결실을 맺기도 하므로 때로는 이런 경우가 더 중요할 때도 있습니다. 요는 문을 활짝 열어 놓는 일입니다. 이 문들은 진실에 뿐만 아니라 실수에도 열려져 있을 수 있어야 할 것입니다. 만일 우리가 그렇게 할 수 있는 지혜를 가지고 있다면 우리들은 우리의 잘못에서 많은 것을 배울 수 있을 것입니다.

우리들은 개척해야 할 매우 중요한 분야에 눈을 뜨기 시작했지만, 그러나 문헌정보사만으로는 그 일을 다 해낼 수가 없다고 생각합니다. 이제껏 말해 온 제반문제에 대해서 우선 해답을 찾으려는 연구를 시작하기 전에 많은 사람들의 지원을 받지 않으면 아니 됩니다.

5.2 문헌정보관관리의 자동화

5.2.1 컴퓨터의 이용

그런데 자동화가 응용되고 있는 또 하나의 영역이 있습니다. 이 새로운 영역은 아주 급속도로 발전해 나가고 있는데, 이 기술은 현재 우리가 알고 있는 정보학에 대해서 보다도 오히려 우리가 지금 바로 해보려고 시도하고 있는 일에 더욱 더 밀접한 관계가 있기 때문이라고 생각합니다. 말할 나위도 없이 내가 생각하고 있는 것은 문헌정보관직원의 관리운영과 문헌정보관 문서관리에, 그리고 일상업무 ㅡ대출기록, 발주기록 및 그외 문헌목록 작성까지도ㅡ 에 대해서 컴퓨터 기술의 응용을 말하는 것입니다. 이와 같은 업무는 컴퓨터 기술자가 일찌기 잘 알고 있는 일이어서 원하기만 한다면 이 일은 회계사무소나 은행으로부터, 또는 기업의 예산관리 절차에서 바로 이행해 올 수 있다고 생각합니다. 이러한 업무에는 컴퓨터 기기가 이미 오래 전부터 이용되고 있습니다. 미국에서는 이와 같은 문헌정보관업무의 컴퓨터화가 꽤 상당히 진척을 보이고 있습니다. 지금은 많은 문헌정보관들이 아주 정교한 컴퓨터 기기를 사용하고 있습니다. 컴퓨터에 의한 문헌목록 작성은 특히 흥미를 끌고 있습니다. 이 기법에 의하면 항목을 비교적 쉽게 알파벳 순서로 배열할 수 있고, 프린트아웃*을 아주 고속으로 할 수 있어서 비교적 짧은 시간안에 문헌목록을 만들어 낼 수 있기 때문입니다. 아주 바로 가까운 장래에 컴퓨터는 종래의 문헌정보관업무 중 많은 부문에 걸쳐서 혁명을 일으키리라고 생각합니다. 예를 들어서, 우리가 종래 해오던 문헌분류 시스템에 대해서 컴퓨터가 어떤 일을 할지 곰곰이 생각해 볼 수도 있겠습니다.

5.2.2 문헌정보관목록의 컴퓨터화

카드 목록은 어떻게 될 것인가? 잠깐 생각해 보면 바로 아실 것입니다. 카드 목록이란 실로 귀찮고 주체스러운 것입니다. 그것은 많은 공간을 차지하며 어떤 사람이 어느 서랍을 꺼내 보고 있을 때는 그와 다른 사람들은 그 서랍을 같이 볼 수가 없습니다. 카드 목록은 막대한 비용을 들이지 않고서는 복제해 낼 수가 없습니다. 파일하는데도 매우 많은

---

* 옮긴이 풀이: 프린트 된 출력정보(Printout)

비용이 듭니다. 카드 목록이 많아지면 많아질수록 파일 비용도 엄청나게 많아집니다. 어쨌든 카드 목록 중 일부라도 손상되게 되면 문헌정보사는 아주 대단히 곤란하게 됩니다. 다만 하나의 큰 이점을 살리기 위해서 이와 같은 여러 가지 불편을 참아온 것입니다. 즉 카드 목록은 항상 최신성이 있습니다. 인쇄목록은 간행되자마자 곧 동시에 시대에 뒤진 구식이 되어 버리기 일쑤며, 때로는 심지어 인쇄에 들어가기도 전에 시대에 뒤진 것이 되어 버리는 수도 있습니다. 그러나 카드 목록은 새 카드를 언제라도 제자리에 항상 꽂아 넣을 수가 있습니다. 이것은 그때그때 완벽하게 최신성을 유지할 수 있으며 매우 융통성이 있습니다. 즉 카드는 언제라도 바꾸어 낄 수 있고 다시 파일도 할 수 있습니다. 찰스 아미 커터(Charles Ammi Cutter)와 그의 동료 및 그 당시 사람들이 거의 1세기 전에 이 카드 목록을 발전시켰을 때, 아주 많은 관심을 불러 일으켰고, 많은 지지를 받은 것도 물론 이러한 이유에서입니다. 우리들은 현시성, 최신성을 갖기 위해서는 어떠한 희생도 마다하지 않고 기꺼이 해왔습니다. 그런데 이제 컴퓨터는 어느 의미에서 이러한 특유의 게임에서 카드 목록을 제치고 앞서 가고 있습니다. 컴퓨터는 즉시 표목을 새롭게 할 수 있습니다. 즉 그것은 새로운 표목이나 또는 개정된 표목을 삽입할 수 있으며, 아주 적은 비용만 조금 더 들이면 복제된 사본도 만들어 낼 수 있습니다.

게다가 여기서 나온 사본은 들고 다닐 수도 있고 이동성이 있습니다. 그리고 만일 그 사본이 못 쓰게 되면 그와 같은 다른 사본을 구할 수 있습니다. 분관시설을 가지고 있는 수많은 산업문헌정보관에서는 소장목록을 복제하여 중앙문헌정보관이 소장하고 있는 장서를 각 분관이 알 수 있도록 하고 있습니다. 큰 공공문헌정보관 중 몇몇 문헌정보관에서도 컴퓨터가 만들어 낸 목록을 현재 채용하고 있습니다.

이렇게 우리나라에서는 기술이 매우 급속도로 발전하고 있습니다. 향후 10년 후에는 문헌정보직에 있어서 정보검색이나 물리적으로 쉽게 입수할 수 있는 방도와는 별도로 이 자동화 분야에서는 아주 경이적인 변화를 보게 되리라고 생각합니다. 그래서 오늘날 기술의 이 엄청난 변화가 문헌정보관의 미래에, 그리고 아마 문헌정보관교육에도 아주 지대한 영향을 미치리라고 바로 예견할 수 있습니다. 그러나 교육에 대해서는 마지막 회 강연에서 고찰하고자 합니다.

6. 문헌정보직에 끼친 영향

6.1 추이의 문제점

그러면 이와 같은 모든 변화는 문헌정보직에게는 실제로 어떠한 의미가 있는 것일까요? 우선 무엇보다도 전에는 우리들이 한 번도 그렇게 해본 적이 없지만 이제는 문헌정보관자료를 집중적으로 깊이 있게 분석해 보지 않으면 안 되리라고 생각합니다. 그리고 오늘날 문헌정보관운영에 대해서도 이와 똑같은 말을 할 수가 있을 것입니다. 사실 우리가 하고자 하는 것이 무엇인가를 우리 자신에게 묻지 않으면 아니 되겠습니다. 우리들은 사실 문헌정보직에 있어서 이러한 문제에 직접 마주쳐 본 적이 아직은 한 번도 없지만 지금이야말로 그렇게 하지 않으면 아니 되는 상황에까지 와 있습니다. 우리들은 이용자와 그 이용자의 지적 요구에 관해서 문헌정보사의 역할과 문헌정보관의 역할을 전에 생각해 왔던 것보다도 더 철저히 분석해 보지 않으면 아니 되겠습니다.

6.2 결핍에서 풍요로

여기서 우리들은 문헌정보직뿐만 아니라 사회 전반에 걸쳐서 나타나고 있는 하나의 재미있는 철학적 문제가 있음을 알 수 있습니다. 우리들의 모든 문화나 경제, 사회 및 정치적 제도는 아주 오랜 기간 물건이 결핍되었던 한 시대의 산물임을 알 수 있습니다. 우리들은 좋은 도구도 갖지 못했으며, 또 지금과 같이 그렇게 풍요롭지도 못했습니다. 오늘날에는 누구에게나 귀에 익은 메커니즘이란 말도 50년 전 혹은 75년 전에는 들어 보지도 못했던 말입니다. 온갖 일을 다 해낼 수 있는 이러한 기계야말로 그만큼 비교적 새로운 것입니다. 그래서 상대적으로 볼 때 "물건"이 모자랐던, 대단히 미개했던 그 문명에서 벗어나 "물건"이 매우 풍요로운 문화에로 갑자기 접어든 것입니다. 곧 두말할 나위도 없이 누구나 어디서고 물건을 쉽게 구득할 수 있게 되었습니다. 오늘날 모든 가정은 여러 종류의 기기, 즉 저동력모터, 전기면도기, 전기믹서기, 전기냉장고, 난방계통의 전기조절기 등을 갖춘 사실상 소형 기계류 점포입니다. 현대의 가정은 한두 가지 이상의 자동장치 또는 자동조절이 붙어 있는 저동력모터의 미로놀이 같습니다. 이렇게 해서 우리들은 "물건"이 매우 부족하거나, 아니면 전연 찾아볼 수 없었던 그런 사회의 기나긴 세월로부터 물건이 아주 흔한 사회로 옮겨 온 것입니다. 누구나, 아니 거의 모든 사람들이 이런 물건들을 가지고 있습니다. 아직도 우리의 모든 사회구조는 궁핍경제 위에 세워져 있으면서도 지금 우리들은 별안간에 풍요로운 경제, 초풍요로운 경제에로 바로 진입해 버린 것입니다.

6.3 사회의 혼란

물론 이러한 변천은 사회에 있어서 큰 혼란을 일으키고 있습니다. 즉 기술의 발달로 인한 실업문제에서부터 유효적절한 여가의 이용문제에 이르기까지 많은 문제가 일어나고 있습니다. 이러한 무서운 혼란이 계기가 되어 매우 심각한 사회문제가 전개되고 있습니다.

7. 변화의 요구

7.1 새로운 전망

토마스 헉슬리(Thomas Huxley)는 "이 새로운 모든 물건으로 무엇을 하려고 하는 것인가?"라고 의미심장한 질문을 한 적이 있습니다. 실은 엘팅 모리슨이 지적한 대로 "헉슬리가 사실 묻고자 한 것은, '이 모든 물건을 이용하여 우리들의 환경을 어떻게 변화시키려고 하는 것인가?'"라는 것입니다. 이것은 우리가 문헌정보사이건 아니건간에, 우리 모두가 바로 마주치고 있는 참으로 기본적이고도 근본적인 문제입니다. 우리들은 이와 같은 물건으로 실제 덕을 볼 수 있으면서도 현대 기술사회의 이 놀라운 변화로 인한 여러 가지 불행과 고통, 모든 종류의 사회적 혼란에 빠져들지 않게 하기 위해서는 어떻게 우리의 마음 가짐을 가져야 할 것인가. 이 문제는 우리가 반드시 해결하여야 할 문제인 동시에 문헌정보직에 있어서도 꼭 해결하여야 할 문제인 것입니다. 우리들은 지금 전혀 새로운 방면에서 문헌정보직을 고찰해 보지 않으면 안 되게 되어 있으며, 지금이야말로 바로 해결에 나서야할 그 시점입니다.

7.2 발달과정

그런데 우리들은 이와 같은 변화에 대처해 나갈 수도 있을 것이며, 그것을 충분히 해내기 위해서 우리의 직업을 체계화할 수도 있을 것입니다. 이제 변화는 분명히 오고 있습니다. 그렇지만 한 가지 사실만은 분명합니다. 즉 이러한 진보가 자동화 및 정보검색 분야에서 아주 극적으로 이루어진다 해도 이러한 변화가 하룻밤 사이에 그렇게 일어나는 것은 아니라고 생각합니다. 우리들은 전혀 알지 못하는 새로운 세계에 갑작스럽게 진입해 버릴 것 같지는 않습니다. 실제로 내가 알기로는 어느 정도 시간이 걸릴 것입니다. 왜냐하면 여기에는 아직도 해결하지 않으면 안 될 기술적인 문제들이 대단히 많기 때문에 상당한 시간이 걸릴 것으로 생각합니다. 이러한 변화는 필연코 몇 발자국씩 후퇴하면서도 한 발자국 한 발자국 앞으로 앞으로 전진해 나가는 그러한 긴 발전과정을 거쳐 올 것입니다.

7.3 반사회적 목적에 대비한 안전장치

그러나 당연히 묻지 않으면 안 될 근본문제는 엘팅 모리슨이 그의 저서 「인간, 기계, 현대」에서 지적한 바와 같이 이러한 변화의 장점을 살리기 위해서 우리의 환경, 우리의 문화 ―우리의 모든 사회구조, 우리의 주위환경―를 정돈하지 않으면 아니 되는 것입니다. 그렇지 않으면 우리들은 파국에 곧바로 이를지도 모르는 일입니다. 물론 이러한 메커니즘은 사회문제를 불러 일으킵니다. 이 메커니즘은 사상통제라고 하는 최종적인 문제까지도 제기합니다. 우리들을 대신해서 기계로 하여금 "생각하게" 하자는 것입니까? 기계는 오보를 전하는 무서운 회로가 될 수도 있습니다. 인쇄기가 여러 가지의 부도덕한, 그리고 반사회적 목적에 씌여질 수 있습니다. 이것은 인간이 자기의 환경을 다스림에 있어서 매번 진보할 적마다 겪는 문제입니다. 그러나 또 한편으로는 인간이 한층 더 자기 환경의 통제를 모색하고 있으며, 어쨌든 인간이 할 수 있는 한 자기의 환경을 다스려 나갈 것입니다. 자기의 환경을 이리저리 변경시켜 보고 싶고, 자기의 뜻에 맞도록 환경을 맞추어 놓고 싶고, 자기의 요구에 맞도록 환경을 변형시켜 가는데 자기가 무엇을 할 수 있는가를 보고 싶어 하는 것이 바로 인간의 본성입니다. 이와 같은 기계의 진보가 정당한 목적에 사용되도록, 그리고 나쁜 사람 손에 넘어가지 않도록, 즉 그것이 잘못 사용되지 않게 하기 위한 안전장치, 곧 사회적, 정치적인 안전장치가 되어 있는지 어떤지를 정말로 확인해 놓지 않으면 아니 됩니다. 말할 것도 없이 원자폭탄은 이와 같은 통제를 필요로 하는 바로 좋은 예입니다. 이 새로운 모든 정보과학에는 원자폭탄과 같이 잠재적으로 위험성이 있는 어떤 것이 있을지도 모릅니

다. 그래서 또한 이를 통제하는 것을 알아 놓지 않으면 아니
됩니다.

8. 과도기의 선택

8.1 뚜렷한 목적

모든 문제점은 말할 것도 없이 기술자가 무엇이든 다 할
수 있다는 데 있습니다. 즉 기술자는 그가 하려고만 한다면
의회문헌정보관 전체를 공중에 떠 있게 할 수도 있을 것이
며, 그리고 이것은 또 그렇게 위험한 생각이 아닐지도 모릅
니다. 시간은 좀 걸릴지 모르지만 결국은 그 일을 해낼 수
있는 방법을 기술자는 찾아낼 수 있을 것입니다. 문제는 바
로 "기술자가 그것을 해주길 바라는 것인지? 우리가 해보려
고 하는 것인지? 이것은 사회를 위해서 가장 좋은 일인지?"
에 있습니다. 이런 문제들은 우리 문헌정보사들이 맞부딪쳐
보고 싶은 궁리적 문제라고 생각합니다. 문헌정보관운영에
있어서 컴퓨터나 자동화에 관한 나의 열의, 아니 열의라고
까지는 할 수 없다 하더라도 진정 그것을 낙관하고 있는 점
에서만은 그 어느 누구에게도 단연코 뒤지고 싶지 않습니
다.

8.2 책은 이용하기 쉬운 것

하지만 책에는 우리가 놓쳐 버리고 싶지 않은 어떤 가치가 여전히 있다고 생각합니다. 또한 책은 아주 유용한 발명품입니다. 책은 자기 테이프에 비해 굉장히 많은 장점을 가지고 있습니다. 혹 안경을 쓰는 것 말고는 어떤 별다른 장치의 도움 없이 누구나 책은 읽을 수 있습니다. 책은 가지고 돌아다닐 수도 있고, 언제 어디서나 펴 볼 수도 있고, 책 여백에는 온갖 주석도 달 수 있으며, 자기 테이프나 현재 나와 있는 기타 어떤 미디어로서도 할 수 없는 여러 가지를 책으로 할 수 있습니다. 그래서 책은 폐물이 아니라고 생각합니다. 나는 책이 폐물이 아니기를 정말로 바라고 있습니다. 나는 책이 이 세상에 남아 있을 것이라고 생각합니다.

8.3 두 개의 세계

그런데 컴퓨터도 역시 이 세상에 남아 있을 것이라고 나는 또한 확신합니다. 그래서 결국 우리들은 이 두 개의 세계에서 살게 될 것입니다. 문헌정보사는 적어도 상당히 오랜 세월을 이 두 개의 세계에서 실제로 살지 않으면 안 될 것입니다. 하지만 이와 같은 두 개의 세계에서 살기 위해서는 문헌정보사는 이러한 이원성으로 일어나는 문제와 사회에 있어서의 자기의 역할에 관해서 다시 명확하게 밝히거나, 그렇지 않으면 적어도 진지하게 생각하지 않으면 안 되리라고 생각합니다. 즉 문헌정보사가 하려고 하는 일이 바로 무엇인가? 토마스 헉슬리가 말한 대로, "이 새로운 물건들로 하여금 무엇을 하려고 하는 것입니까?" 현재의 서지환경을 바꾸어 나가려는 것입니까? 이렇게 많아지고 있는 "물건들"을 가능한 충분히 이용할 수 있기 위해서는 새로운 사회에서 우리들의 역할을 어떻게 밝혀야 할 것인가.

8.4 일상생활에 있어서의 기구의 매력

다 아시다시피 지금 이와 같은 새로운 발명품들은, 특히 미국에서는 그에 대한 일종의 마력을 지니고 있습니다. 우리들은 기구를 좋아합니다. 우리들은 단순하고 쉬운 방식으로, 수동식으로 무슨 일을 하려고 하기보다는 기구를 사용해서 하려고만 합니다. 예컨대, 많은 사람들이 담배를 피우기 위해서 라이터를 가지고 다니는데, 그 라이터는 곧잘 연료가 떨어지기도 하고, 새로운 라이터돌을 넣기도 해야 합니다. 누군가가 말한 것처럼 만일 성냥이 라이터보다 뒤늦게 발명되었더라면 누구나 입을 모아 "이 얼마나 간단하고 신기한 물건이냐!"라고 말들을 할 것입니다. 그러면서도 우리들은 라이터의 기계적인 면을 좋아합니다. 이와 같은 발명품들이 우리들에게 미칠 수 있는 최면작용은 꼭 고려해 두지 않으면 안 될 바로 인간의 감응이라는 것입니다.

8.5 문헌정보사에 대한 압력

문헌정보사들에게 기계를 도입하라는 압력이 가중되고 있습니다. 대학문헌정보관계에 있는 나의 많은 친구들과 심지어 공공문헌정보관에 있는 사람들까지도 그들의 상관, 즉 대학 행정당국이나 공공문헌정보관 위원회로부터 자동화하라는 아주 강력한 압력을 절실히 느끼고 있습니다. 모든 좋은 기계를 가지게 된 지금은 누구나 자동화에 관해서 이야기들을 합니다. 그래서 말할 것도 없이 아이비엠(IBM)사의 판매사원이나 그 동료들은 이러한 반응을 촉진시킬 수 있는 모든 수단을 경주하고 있습니다. 그래서 나의 몇몇 친구들은 매우 난처한 입장에 놓여 있습니다. 왜냐하면 문헌정보직에서는 아주 정교한 이 기계장치들을 다룰 만한 준비가 되어 있지 않다는 것을 그들은 너무나도 잘 알고 있기 때문입니다. 그런데도 행정당국이나 그들의 상관들은 "자동화합시다. 그렇게 하면 많은 돈을 절약할 수 있습니다."라고 말합니다. 물론 이들 문헌정보사들은 이러한 절약이 과장된 것임을 너무나 잘 알고 있습니다. 그러나 자동화에 대한 주장은 어지간히 집요해서, 문헌정보사들이 그것에 관해서 합리적인 견해를 말하려고 할 때면 그들은 변화를 바라지 않는 시대에 뒤진 옛날 사람들이라는 비난을 받기 일쑤입니다. 물론 이러한 충돌은 현시점에서 우리가 겪고 있는 것과 같이 급격한 변화를 통과하려고 할 때 직업내부에서 생기는 엄청난 혼란의 한 국면인 것만은 틀림없습니다.

8.6 이 10년 동안의 변화

그러나 우리들은 전진을 계속하고 있습니다. 이에 대해서는 의심할 여지가 없다고 생각합니다. 나와 마찬가지로 랑가나단 박사도 1957년에 도킹(Dorking)에서 열린 그 유명한 분류회의에 참석했을 때의 일을 기억하고 계시리라고 믿습니다마는, 그때 영국대표들은 회의주간 중 반나절만 기계에 관해서 토론하도록 시간배정을 했다고 말했습니다. 그외 시간에는 누구도 기계에 관해서는 이야기할 수 없게 했습니다. 그래서 목요일 오전이었는지 언제인지 기계에 관해서 이야기를 했었습니다. 미국인들은 그밖의 다른 시간에는 기계에 관해서는 전연 말하지 말라는 주의를 받았습니다. 주최자측은 이 규정을 완전히 성공적으로 이행하지는 못했으나, 어쨌든 그렇게 되도록 노력만은 했었습니다. 오늘날 이와 같은 회의에서 만일 이러한 제한이 가해졌다고 한다면 과연 어떠한 일이 일어났을 것인지는 쉽게 상상하실 수 있을 것입니다. 사실상 도킹회의의 속회가 엘시노르(Elsinore)에서 열렸을 때 기계는 아주 중요한 의제가 되어 있었습니다. 내가 케이스 웨스턴리저브(Case Western Reserve)대학교의 문헌정보학대학원에 다큐멘테이션 센터를 창설한 후, 몇해 동안은 이 기계를 둘러싸고 내가 얼마나 "놀림"을 받았는지를 너무나 잘 기억할 수 있습니다. 즉 기계가 문헌정보직을 빼앗아 갈 수 있으리라고 생각하는가? 기계가 문헌정보사보다 더 아는 것이 많다고 생각하는가? 등의 놀림이었습니다. 이것이 "놀림"의 전부만도 아니었습니다. 문헌정보직에 대해서 내가 막대한 해를 끼치고 있다고까지 아주 심한 말들을 했었습니다. 그러나 나는 이 문제로 해서 오랫동안 놀림을 받지는 않았습니다. 지금에 와서는 자동화 문제가 아주 당연하게 이야기 되고 있습니다.

8.7 기계와 함께 살아가는 것을 배워라

자동화는 이제 시작된 것이 아닙니다. 그것은 이미 여러 면에서 이루어져 왔습니다. 우리들은 물리적으로 쉽게 입수할 수 있는 방법을 향상시켜 나가기 위해서 고도의 축소율로 소형화하는 기술을 가지고 있습니다. 지리적으로 원거리에는 팩시밀리(facsimile)를 이용하여 전송하는 문제에 관해 우리들은 지금 이야기하고 있습니다. 바로 이것은 책의 어느 페이지, 기사 혹은 책 한 권 전체까지도 전송을 함으로써 언젠가는 상호대차제를 대신하게 될 것입니다. 컴퓨터는 이미 문헌정보관 관리운영의 전반에 걸쳐 널리 이용되고 있습니다. 내용적으로 쉽게 입수할 수 있는 문제에 있어서도 느리긴 해도 어느 정도 진척이 이루어지고 있습니다. 바로 새로운 세계는 여기까지 와 있습니다. 그리고 문헌정보직에 있어서도 많은 일들이 변화하고 있는 중입니다. 이러한 변화에 우리들은 발 맞추어 나가야 할 것이라고 생각하며, 그렇지 않을 경우에는 다른 사람들이 우리들의 직을 차지해 버리지 않겠는가 하는 생각이 듭니다. 사회사를 아시는 분이라면, 18세기의 소위 라다이트(Luddites)*는 자기들의 공장에 들여온 기계들을 부셔 버렸던 노동자들이라는 것을 기억하실 것입니다. 오늘날 우리들이 보기에는 아주 원시적인 기계류이었을망정, 그들 노동자들은 이 기계의 도입으로 인해서 모든 종류의 경제적 혼란이 초래되는 것으로 보았기 때문입니다. 그때 이 라다이트들은 교수형을 당했습니다. 나는 문헌정보사들이 이 라다이트가 되지 않기를 바라며, 이와 같은 운명을 겪지 않기를 바라는 바입니다. 문헌정보사를 교수형에 처할 사람은 아무도 없겠지만 문헌정보사들이 정작 잊혀져 버리는 사람이 될 수는 있는 것입니다. 우리들은 이러한 새로운 세계 속에서 살아가는 것을 배우지 않으면 아니 됩니다. 우리들은 기계와 함께 살아가는 것을 배워 두지 않으면 아니 됩니다. 우리 앞에 놓인 가장 큰 문제는 바로 미래를 대비해서 문헌정보사를 교육하는 일, 즉 내일의 세계에서 살아갈 문헌정보사들을 교육하는 일입니다. 이것이 바로 마지막 회의 강연에서 내가 말씀드릴 문제가 될 것입니다.

---

* 옮긴이 풀이: 산업혁명기(1811~1816)에 기계는 실업의 원인이라고 잘못 믿고 기계파괴의 폭동을 일으킨 직공단원.

〈참고문헌〉

1. Automation and the Library of Congress. Washington, D.C.; Government Printing Office, 1963.

2. Ballou (Hubbard W), ed. Guide to microfilm equipment. Annapolis, Maryland; National Microfilm Association, 1959.

3. Bogulsaw (Robert). New utopians. Englewood Cliffs, New Jersey; Prentice-Hall, 1965.

4. Borke (Harold), ed. Computer applications in the behavioral sciences. Englewood Cliffs, New Jersey; Prentice-Hall, 1963.

5. Bourne (Charles P). Methods of information handling. New York; Wiley, 1963.

6. Dunlop (John), ed. Automation and technological change. Englewood Cliffs, New Jersey; Prentice-Hall, 1964.

7. Fairthorne (Robert). Towards information retrieval. London; Butterworths, 1961.

8. Gabor (Dennis). Inventing the future. New York; Knopf, 1964.

9. Greenberger (Martin), ed. Automation and the world of the future. Cambridge, Massachusetts; MIT Press, 1963.

10. Licklider(J C R). Libraries of the future. Cambridge, Massachusetts; MIT Press, 1965.

11. Markuson (Barbara E), ed. Libraries and automation. Washington,

D.C.; Library of Congress, 1964.

12. Mumford (Lewis). Myth of the machine. New York; Harcourt, Brace, and Ward, 1966.

13. Overhage (Carl F J) and Harmon (R Joyce), ed. Intrex. Cambridge, Massachusetts; MIT Press, 1965.

14. Phillipson (Morris), ed. Automation: Implication for the future. New York; Random House, 1962.

15. Platt (John R). Step to man. New York; Wiley, 1966. Chap I, Where will the books go?

16. Polanyi (Michael). Tacit dimension. Garden City, New York; Doubleday, 1966.

17. Price (Derek J de Solla). Science since Babylon. New Haven; Yale University Press, 1961. Chap V, Diseases of Science.

18. Shera (J H). Documentation and the organisation of knowledge. London; Crosby Lockwood, 1965.

19. Toward the year 2000. Daedilus American Academy of Arts and Sciences. 1967, Summer.

20. Wasserman (Paul). Librarian and the machine. Detroit; Gale, 1965.

V. 문헌정보사의 교육

1. 미래의 문헌정보사

1.1 패러독스 (Paradox-역설)

이 마지막회의 강연에서 여러분에게 드릴 말씀은 문헌정보사의 전문직 교육문제에 주의를 돌려 보고자 하는 것입니다. 미래의 문헌정보관에 관해서 쓴 자료들이 꽤 많이 있는 것을 보고 ―실은 나 자신도 몇 편 쓴 적이 있긴 하지만― 아마도 조금은 놀라시겠지마는 미래의 문헌정보사에 관한 인쇄물은 거의 찾아볼 수가 없습니다. 그러하지만 인력의 문제나 인사문제는 오늘날 우리들이 당면한 가장 중요한 문제라고 말씀드리고 싶습니다. 바로 문헌정보관 직책에 적임의 인사를 앉혀 놓는다고 해서, 그가 문헌정보관이 당연히 지향해 나가야 할 꼭 필요한 방향으로 미래의 문헌정보관을 다 잘 이끌어 갈 것이라는 것은 아닙니다. 그러나 미래의 문헌정보관에 관해서 말하는 순간, 곧 우리들은 자기모순에

빠지고 맙니다. 왜냐하면 미래의 문헌정보관은 이를 운영해 나갈 문헌정보사가 어떤 사람인가에 따라서 아주 크게 좌우될 것이기 때문입니다. 그런가 하면 또 한편으로는 미래의 문헌정보관이 바로 그 문헌정보관의 일을 하기 위해서 필요로 하는 문헌정보사가 어떠한 사람이어야 할 것인가를 결정하게 될 것입니다. 어느 한편의 변화는 또 다른 한편의 변화를 불가피하게 하며, 동시에 서로가 각기 상대편을 결정하게 됩니다. 이것은 마치 닭과 달걀의 상황과 같은 것인데, 닭보다 달걀이 먼저라는 이론처럼 달걀보다 닭이 먼저라는 이론도 논리상으로는 똑같은 것이라고 생각합니다. 지금까지의 강연에서 내가 말씀드린 것 중에서 이미 귀결이 난 자명한 이치를 가지고서 미래의 문헌정보사에 대한 논의를 시작하지 않으면 아니 되리라고 생각합니다.

1.2 사회적 상황

우선 첫째로, 필사기록물에 대한 사회의 의존도는 시대가 갈수록 점점 더 커져 갈 것이며, 이러한 기록물의 복잡성과 상호연관성은 또한 의심할 여지도 없이 더 늘어날 것이라고 생각합니다. 요컨대, 사회의 번영을 위해서는 문헌정보관의 일을 오로지 문헌정보사에게만 맡겨 두기에는 너무나 중요하지 않겠는가 하는 생각을 많은 사람들이 하기에 이른 것 같습니다. 그러나 이와는 반대로 비록 컴퓨터가 문헌정보관에 남아 있는다고 하더라도 문헌정보관에는 또한 책이 그대로 남아 있을 것이며, 그리고 문헌정보사야말로 자기들이 겪은 수세기의 경험에 의해서 책을 다루는 전문가인 만큼, 이 둘을 다 잘 이용하도록 하는 복잡한 일에 대해서는 가장 잘 아는 사람일 것이라고 믿습니다.

1.3 미래의 문헌정보관

그런데 이른바 미래의 문헌정보사란 장래의 문헌정보관을 어떻게 보는가에 달려 있다고 생각합니다. 적어도 미래의 문헌정보사에 대한 안목은 문헌정보관을 어떻게 보는가에 달려 있다고 할 수 있겠습니다. 물론 미래의 문헌정보관을 컴퓨터나 자기 테이프, 혹은 시스템 분석가, 관리자, 원가계산원만으로 가득 차 있는 곳으로 보는 사람들도 있을 것입니다. 그런가 하면 오히려 미래의 문헌정보관을 애서가들로만 가득 차 있는 곳으로 보는 사람들도 있을 것입니다. 물론, 미래의 문헌정보관에 대해서 모든 사람들이 이와 같은 관점을 가질 수 있는 여지는 있을 수 있습니다. 이 모두가 맡은 바 역할을 다 함으로써 문헌정보관의 성공에 기여할 수 있을 것입니다.

2. 능력과 지도력

그러나 나로서는 미래의 문헌정보관은 양서로 꽉 차 있고, 그리고 가장 능력 있는 문헌정보사로 가득 차 있는 곳이라고 보고 싶습니다. 즉 서지적 자료를 조직하고 봉사하는 일에 있어서 전문가로서 충분한 교육을 받아서, 자기가 다루고 있는 자료의 주제영역에 완전히 통달해 있고, 변화의 가능성에 민감하고, 그리고 직업상의 지도력을 갖춘 문헌정보사로 가득 차 있는 곳이어야 한다고 생각하고 싶습니다. 이렇게 본다면 미래의 문헌정보사의 문제는 오늘날 이 직업이 당면한 가장 중대한 문제 중의 하나임에는 틀림이 없습니다. 그리고 그다음으로 중요한 것은 이 문헌정보사를 어떻게 전문직으로 교육하느냐가 문제인 것입니다.

3. 문헌정보사의 교육

3.1 일반교육

우선 무엇보다도 문헌정보사는 건전한 일반교육 및 교양교육을 갖춘 사람이어야 한다는 데는 의심의 여지가 없습니다. 한 사회의 성원이 되어서, 일하고 있는 바로 그 사회에 대해서 전반적이고 폭 넓은 이해를 필요로 하는 어떤 직업내지 어떤 인간 활동이 있다고 한다면, 그것은 바로 문헌정보직이 아닐까 합니다. 왜냐하면, 사회는 문헌정보사의 관심사이고, 문헌정보관은 모든 면에서 사회에 접해 있으며, 곧 이를 바꾸어 말하자면 사회가 수행하고 있는 것은 문헌정보사에게도 모든 면에서 영향을 미치기 때문입니다.

적어도 내가 살고 있는 이 대서양쪽 사회에서는 훌륭한 일반교육이란 모든 선량한 시민에게 있어서 필수적인 것으로 여겨집니다. 귀국에서도 이와 마찬가지일 것이라고 생각합니다. 그런데 정말 이러한 교육은 문헌정보사에게는 중요한 것입니다. 그래서 문헌정보사들이 나가 일해야 할 주위의 사정에 대한 모든 지식, 또는 적어도 이와 같은 과목의 주요 개론을 부여하는 전반적인 교양교육에 학부의 교육 중 최초 2년 또는 그 이상을 쏟아야 할 것입니다.

이것은 그 사람이 어린이에게 봉사하는 문헌정보사가 되려고 하든, 또는 원자물리학을 다루는 연구기관에서 봉사를 하려고 하든간에 이에 관계없이 반드시 필요한 것입니다. 그러면서도 학부의 이런 교양교육 외에도 학부의 주제전공 분야의 착실한 기반을 또한 지녀야만 할 것입니다.

3.2 전문화

문헌정보사는 단지 한 사람의 문헌정보관직원에 지나지 않는다고 생각해서는 결코 아니 됩니다. 이른바 어떤 일을 하는 문헌정보사이어야 합니다. 어떤 일을 한다는 것은 곧 문헌정보직을 이해하는데 있어서 그만큼 중요합니다. 의료분야에서 보면 얼른 알 수 있듯이 일반의래도 전문가가 되어 있습니다. 적어도 미국에 있어서의 의학은 옛날식의 일반개업의, 즉 우리 선조들에게는 그만큼 의미가 있었던 가정의가 이제 차차 없어져 갈 정도로 아주 고도로 전문화가 이루어져 버렸습니다. 이러한 경향은 미래에 있어서 인간의 의료문제를 생각하고 있는 사람들에게는 이미 걱정거리가 되고 있습니다. 문헌정보직에 있어서는 이러한 함정에 빠져들지 않기를 바랍니다. 문헌정보관분야에 있어서도 일반문헌정보사의 본분이 있습니다. 이는 의학문헌정보직, 음악문헌정보직, 법률문헌정보직, 및 기타 이야기될 수 있는 그외 전문문헌정보직만큼이나 전문성이 있는 것으로 보아야 마땅하리라 생각합니다. 훌륭한 일반교육과, 그리고 학부과정에서의 착실한 전공과목 교육은 문헌정보사에게 있어서 필수적입니다. 이와 같은 교육경험이 없다면 잠재능력을 충분히 발휘할 수도 없을 것이며 이용자의 신뢰를 얻을 수도 없을 것입니다.

4. 불온한 경향

대서양에 연해 있는 우리나라에서는 학부학생의 교과과

정에 문헌정보학의 입문과정을 넣어야 한다는 추세에 시달리고 있으나, 이러한 일들이 귀국에서는 문제가 되지 않기를 바랍니다. 내가 이를 반대하는 것은 우선 첫째로 이러한 과정은 학부학생들의 귀중한 4년간의 교육을 아깝게도 까먹기 때문이며, 이 세월은 문헌정보학의 직업교육 과정으로서 허비하기에는 너무나도 귀중한 시기이기 때문입니다. 또한 이러한 과정에 반대하는 또 하나의 이유는 이 과정이 지적으로 가장 낮은 수준에서 행해지기 때문입니다. 실로 그것은 도무지 지적이라고는 말할 수 없으며, 단지 문헌정보학을 기본적으로 기술로만 가르치려는 것입니다. 기술 제공에 지나지 않는 직업교육은 로봇을 훈련시키는 것 그 이상은 할 수 없습니다. 그런데 문헌정보관에서는 로봇을 원하지 않습니다. 적어도 인간 로봇은 필요 없다고 생각합니다. 로봇은 기계에 맡깁시다. 결국은 이러한 학부과정은 자동화의 도래로 말미암아 제일 먼저 실직되기 쉬운 문헌정보관의 일자리이며, 이를 위해서 사람을 양성시키는 셈이 됩니다. 즉 미래의 자동 기계장치가 틀림없이 대신하리라고 생각되는 바, 바로 이런 직종을 위해서 학생들을 훈련시키는 것이나 다름없습니다. 그래서 만일 어느 시기 동안 이 과정을 시행한다면, 이미 있지도 않을 일 자리를 위해서 사람들을 훈련시킨 셈이며, 부적합한 사람들을 양성해 내고 있었음을 곧바로 알게 될 것입니다.

그래서 학부시절은 일반교육과 거기에 보다 알찬 학부의 전문주제 분야 및 관련분야의 학문들을 위해 쓰여져야 하지 않겠는가 하는 것입니다. 학생들의 흥미를 북돋우어 주고, 학생들은 좋은 성적을 올린다면 전문분야가 무엇이든 대체로 별 차이가 없습니다. 말하자면, 학부시절은 지적 자극과 성장의 시기가 되지 않으면 아니 됩니다.

5. 전문직의 첫 번째 학위

5.1 석사학위

미국에서 문헌정보학 석사라고 하는 이 전문직의 첫 번째 학위에 대해 간단히 말하자면, 최근 몇 년 동안 석사수준의 이 교과과정에 관해서 꽤 많은 시간을 들여서 논의해 왔습니다. 여기서 여러 가지의 제안도 나왔습니다. 그러나 안타깝게 생각하는 것은 이러한 많은 논의가 한갓 말로써 끝나버리고 그에 따른 창조적인 실행이 뒤따르지 못했다는 것입니다.

5.2 이론과 기술

문헌정보학교육의 실행은 분명코 이론, 또는 아주 정교하게 발전된 사상의 그 어느 것 하나도 따라가지 못했습니다. 그런데 나는 실험을 해본다는 데는 전적으로 찬성합니다. 누구나 동일한 양식에 꼭 들어맞는 문헌정보사가 되어 버리게 하는, 즉 하나의 단단한 틀 속에 집어 넣어버리는 그러한 문헌정보직교육을 보게 된다는 것은 지극히 불행한 일입니다. 실험을 해보는 것은 좋은 일이라고 생각합니다. 다양성이 필요하다고 생각합니다. 전문직교육이 여러 가지 방법에 의해서 달성될 수 있도록 탐구하는 자유는 필요하다고 생각합니다. 그리고 이러한 활동이 많으면 많을수록 우리의 직업을 위해서는 더욱 더 좋은 일입니다. 그러나 나를 낙담시키고 있는 것은 이러한 활동이 현재도 충분히 이루어지지 않고 있다는 사실입니다. 적어도 미국에서는 사람들이 참고정보봉사과정이나 편목과정 등의 요목과 표준화에 관해서는 이야기를 하고 있습니다. 물론 그렇습니다. 이렇게 개혁에 대해서는 모두가 이야기를 하고 있음에도 불구하고 문헌정보학대학원의 요목은 어느 것이나 비슷비슷합니다. 이런 상황은 한심스럽기 짝이 없습니다. 더욱이 그로 인한 모든 비판에도 불구하고 문헌정보학교육은 여전히 수공업적인 기술에 너무 치중해 있습니다. 우리들은 이론과 원리에 대해서 열렬한 경의를 표하면서도, 교실에 곧 바로 들어가서는 이미 수년동안 그렇게 가르쳐 온 똑같은 그 낡은 방식대로 가르치고 있습니다. 기술에만 그 자체를 국한시키는 교육은 바로 곧 얼마 가지 못합니다. 왜냐하면 기술이란 변화하는 것이며, 사실은 바뀌기 때문입니다. 그래서 사실의 편린만을 학생들에게 가르쳐 주어서도 아니 됩니다. 나는 사실에 시비를 거는 것은 아닙니다. 기술이란 중요한 것이며, 기술을 격하시키려는 생각은 아닙니다. 그러나 기술과 이론, 과학과 기예는 서로가 손에 손을 맞잡고 나가지 않으면 아니 됩니다. 맹장수술의 이론에 대해서는 훤히 알고 있으면서도, 메스를 사용하는 방법을 모르는 의사가 있다면 그 의사에게는 아무도 가지 않을 것이라는 것은 확실합니다. 또 그 반대로, 메스를 다루는 방법은 알고 있으나 신체의 각 부위의 상호관계성을 모를 뿐더러, 인체의 어느 특정 부분을 잘라내면, 그로 인해서 어떤 일이 일어나는지 조차도 모르는 의사라면 누구나 가기 싫어할 것은 분명합니다. 과학과 기예, 이 둘은 사다리의 횡목과 같아서 쌍방이 다 함께 가지런한 간격으로 올라가지 않으면 아니 됩니다. 즉 한 번에 한 단씩 말입니다. 만일 한편 발이 너무 멀리 떨어져 있으면, 그 결과로써 참담한 비극이 일어나기 쉽습니다. 이러한 상황은 문화의 기술과 그 지적 내용에 관해서 말한 바와 같이 아주 많이 닮았습니다. 우리들은 이 두 필의 말의 발을 잘 맞춰서 끌고 나가지 않으면 아니 됩니다.

5.3 미래에 대한 대비

전문직 교육은 미래를 내다보지 않으면 아니 됩니다. 왜냐하면, 전문직은 미래를 위해서 양성해야 하기 때문입니다. 그런데 여기서 해결해야 할 매우 어려운 문제가 있습니다. 우선 첫째로 미래는 과연 어떻게 되어 갈 것인지 모르기 때문이며, 둘째로는 너무나 현재를 앞서 가는 동떨어진 교육을 하게 되면, 직업에 맞지 않는 사람을 양성하려는 것과 같기 때문입니다. 확실히 요즈음 문헌정보직의 상황은 문헌정보사들의 머리 속에 정보학에 관한 온갖 지식으로 온통 꽉 차 있으면서도, 책이 어떻게 선택되어야 하고, 어떻게 편목되어야 하며, 봉사가 어떻게 이루어져야 하는지에 관해서는 아무 것도 모르거나, 또는 문헌정보관직원을 어떻게 관리해야 하는 것조차도 모른다는 것은 문헌정보사가 취할 바가 아닙니다.

5.4 교육과 훈련

따라서 우리들은 훈련을 해야 하고 교육을 해야만 합니다. 여기서 내가 "교육"이란 말을 짐짓 더 쓰는 것은 교육과 훈련을 구별하고자 하기 때문입니다. 우리들은 미래를 위해서 교육을 하지 않으면 아니 됩니다. 그러나 현재를 잊어서도 안 되며, 과거에 대해서도 어느 정도 뒤돌아 보는 주의력을 쏟지 않으면 아니 됩니다. 그렇지 않으면 우리의 직업은 아주 비참한 길로 빠져든다는 것을 알게 될 것입니다. 교육의 목적은 대안을 내놓을 수 있는 능력을 학생들에게 길러주는 것이라고 말하는 사람도 있습니다. 이 말은 아주 좋은 말이라고 생각합니다. 즉 변화를 이해하도록 학생들의 능력을 길러주는 것이며, 변화에 대한 수용력을 학생들 마음속에 키워주는 것을 말합니다. 현재 우리가 할 수 있는 최선의 일은 문헌정보직에 있어서 일어날지도 모르는 가능한 변화들을 학생들에게 알려주는 것이라고 생각합니다. 그렇게 하면 적어도 학생들은 이러한 변화에 대해서 준비하게 될 것이고, 변화에 거스르지도 않을 것입니다. 단순히 그것이 새롭고 생소하다는 이유만으로 무비판적으로 개혁에 반발하는 일도 없을 것입니다. 미래에 대한 준비란, 결국 교육이 실제로 어떻게 되어 있는가라는 것입니다. 학생들은 미래와 과거의 양쪽을 모두 다 항상 알고서, 현재를 살아가지 않으면 아니 됩니다. 미래의 동향뿐만 아니라 자기 직업의 역사적 기원을 알지 못하는 문헌정보사라면 문헌정보사의 일을 제대로 해낼 수 없는 위험을 또한 안고 있다고 생각합니다. 교육이라고 하는 것은, 사실이 제 아무리 중요하다고 하더라도 사실을 학생들에게 그대로 주입시켜 주는 것만이 아니라는 것을 기억해야만 합니다. 예컨대, 학생들에게 분류 시스템이 어떻게 활용되는지가 아니라, 왜 그것이 활용되지 않는가를 가르쳐 주어야 할 것입니다. 왜 그것이 활용되지 않는가를 이해한다면 어떻게 그것을 활용할 것인가라는 문제는 저절로 알게 될 것입니다.

5.5 선생-학생 관계

학생과 선생간의 알찬 대화를 발전시켜 나가야 할 것입니다. 학생과 선생간의 관계는 물론 대등한 사람끼리의 회화라고는 결코 말할 수 없습니다. 대등하지 않기에 우리들은 선생님으로 모시는 것입니다. 그러나 학생과 선생 사이에는 끊임없는 커뮤니케이션의 교환이 있어야만 합니다. 학생과 선생은 서로가 효과적인 방법으로 이야기를 할 수 있어야 합니다. 선생이 학생들에게 의견을 말해 주는 대신, 학생도 선생에게 의견을 말 할 수 있어야 합니다. 대등한 사람끼리의 대화라고는 말할 수 없지마는, 분명히 말하건데 바로 이런 행위는 대화일 수 있으며 전문직 기술의 확고한 지식에 바탕을 둔 대화이어야만 하겠습니다. 미켈란젤로(Michelangelo)라고 생각이 되는데, 그는 조각가란 인체해부학을 철저히 배워야 하고, 배우고 난 연후에는 곧 바로 그것을 잊어버려야 한다고 말한 적이 있습니다. 그가 말하고자 한 것은 말할 나위도 없이 위대한 조각이란 해부학상의 그 구조 그대로 그냥 옮겨 놓은 하나의 연습이 아니어야 하면서도, 반드시 그것은 해부학상의 원칙을 벗어나는 것이어서도 아니 된다는 말입니다. 그런데 현대미술의 경향 중에 어느 것은 이런 생각과는 달리 할 수도 있을지 모릅니다. 그러나 나는 미술이나 음악에 대해서는 항상 보수적이어서 미켈란젤로의 이 말에는 전적으로 동감입니다. 문헌정보사의 전문직 교육에 있어서도 이와 같은 말을 할 수 있겠습니다. 문헌정보사는 그가 다루는 자료, 기술을 철저히 알아야 합니다. 알고 난 연후에는 그것을 잊어버려야 합니다. 잊어버린다는 것은 물론 기억에서 아주 지워버린다는 말이 아니라, 이 지식보다 원리, 원칙의 고등 지식을 중시하라는 뜻으로 말한 것입니다.

5.6 계속교육

마지막으로, 문헌정보사는 자기의 전문직 교육이 학위를 취득한 순간에 끝나버림이 아니라는 것을 기억해야만 합니다. 학습의 과정은 평생토록 계속해 나가지 않으면 아니 됩니다. 케이스 웨스턴리저브대학교에 있는 아주 친한 나의 한 친구는 모든 졸업증서는 10년이 지나면은 아주 희미하게 지워져 버리는 그런 잉크로 인쇄되어야 한다고 말한 적이 있습니다. 그때쯤이면 졸업생은 학교에 다시 돌아와 교육과정을 다시 이수해야 할 것이라는 말입니다. 이것은 하나의 기대이지, 이를 주창하는 사람들을 포함해서 우리들 중 어느 누구도 다시 와서 배우고자 하지는 않을 것 같습니다. 그러나 이 말은 교육이 그밖에 또 다른 무엇과 마찬가지로 환경, 문화, 문화적 상황이 변화하고, 변경되어서 자기 표현을 위한 새로운 책임, 새로운 기회를 만들게 될 때에는 이미 낡아버린다는 것을 흔히 잊어버리고 있다는 사실을 강조한 것입니다. 즉 이러한 변화가 아주 대단히 빨리 일어나고 있는 문헌정보직의 경우에 있어서는 확실히 맞는 말입니다. 교육자가 자신을 돌아보고 자문자답해 본다는 것은 그렇게 쉬운 일은 아닙니다. 나는 가끔 교육자를 기차가 선로 위를 계속해 달리고 있는 한, 그 기관차의 모델을 신형으로 바꾸어 보고자 하는 철도기사의 입장과 같은 것이라고 비유합니다. 그런데 정확히 말해서 이것은 우리들이 해내지 않으면 안 되는 일입니다. 우리들은 항상 우리의 교육제도를 대상으로 연구를 하면서, 동시에 충분한 교육을 받아서 능력이 있는, 그리고 창의력과 문제해결 능력을 가지고 도전에 대응할 수 있는 역량을 갖춘, 즉 그러한 자격을 지닌 젊은 전문직업인을 졸업시키지 않으면 아니 됩니다. 그렇지만, 문헌정보학대학원의 교과과정의 문제는 일반적인 교과과정의 문제와 마찬가지로 그리 쉽게 해결되지는 않을 것입니다. 일단 "해결"을 보았다고 해도, 이로 인해서 우리들은 정체된 교육제도를 갖는 것이나 다름없기 때문에 이것은 그 누구도 바라는 바가 아닐 것으로 생각합니다.

5.7 교육에 있어서 시도

그렇다면 전문직의 첫 번째 학위, 즉 석사학위 수준에서 시도해 봅시다. 똑같이 되풀이 되는 부분에 관해서는 걱정을 그만 합시다. 학과의 동료 교수들에게는 그들이 교과과목 중 무엇을 꼭 가르쳐야만 한다고 말하지는 않으려고 합니다. 개혁이나 변화를 두려워하지 맙시다. 학생들이 이같은 변화를 받아들일 수 있도록 합시다. 기술은 최소한으로 실무에 필요한 만큼만 습득시키고, 학생들을 훈련이 아닌 "교육"을 해 봅시다. 바꾸어 말하자면 배움과 가르쳐지는 것 간에 뚜렷한 선을 그어 보자는 것입니다. 여기서 전문직의 첫 번째 학위에 대한 교과과정이나 교과의 어떤 본보기를 개설하고자 하는 것은 아닙니다. 이러한 일은 카네기재단의 지원을 받아서 거의 10여 년이나 걸려서 집필해 온 문헌정보학교육이란 근간 책에서 다루어 볼 생각입니다.

6. 상급학위

6.1 박사학위

이제 고급과정으로 이야기를 돌려 보고자 합니다. 인도에서는 그렇게까지는 아니 할 것으로 믿습니다마는, 미국에서는 박사학위 취득이 굉장히 강조되고 있습니다. 그것은 학위의 가치라거나 중요성을 일단 떠나서 하나의 권위를 지니는 것으로 되어 있어서, 고등교육 분야에서 직업을 택한 문헌정보사들에게 있어서는 특히나 그렇습니다. 이 학위에 대한 이같은 중압감의 결과는, 결국 말할 수 없으리 만큼 많은 사람들에게 능력도 별로 없고 마음에도 없는 "연구" 활동에 매달리지 않을 수 없게 하고 있습니다. 그들은 연구에 관심도 없거니와 연구를 어떻게 해 나가야 할지도 모릅니다. 그리고 그들이 실무를 막상 맡게 되면, 연구 따위는 아예 하지도 않게 될 것입니다. 박사학위란 과거에도 항상 그랬었고 현재도 매마찬가지로 생각을 하고 있듯이 장차도 응당 연구 칭호이어야 합니다. 상당히 많은 사람들이 하나의 명목상 자격으로서 노동조합 카드를 가져야 하는 것 마냥, 근래에는 박사학위를 격하시키는 경향마저 있어 매우 한심스럽기 짝이 없습니다. 그럼에도 불구하고 많은 사람들이 그 자격을 취득할 수 있게끔 그 기준은 오히려 낮아지고 있는 셈입니다. 악화가 양화를 구축하는 것과 마찬가지로 일종의 학원내의 그레셤 법칙(Gresham's Law)이라고 내가 자주 말해 온, 즉 싸구려 교육이 좋은 질의 교육을 구축하는, 이른바 그레셤 법칙이 교육에도 그대로 작용하고 있어서 훌륭한 교육의 기준을 유지하기 위한 끊임없는 투쟁은 결코 끝날 수가 없는 것입니다. 박사학위에 대한 현재의 이와 같은 압력은 적어도 우리나라에서는 우리가 생각할 수 있는 것보다도 훨씬 더 합니다. 교육자격을 높인다는 구실 아래 실제로 학위의 질은 떨어지고 있습니다. 형편없는 박사학위(Ph. D.)보다는 훌륭한 석사학위(M.A.)가 더 낫습니다.

6.2 중간학위

그렇지만 문헌정보직에 있어서는 연구학위 외에도 또 상급학위가 참으로 필요합니다. 즉 문헌정보사가 한동안 고등교육기관에 다시 돌아와, 자기의 지적인 발전에 활력소를 불어 넣고, 전문직 지식의 축적을 강화하고, 또 한편으로는 학문세계와 접촉하는 동안에, 거기서 배운 것을 증명해 주는 일종의 학적인 인정을 말합니다. 그런 까닭에 석사와 박사 중간에 연구학위가 아닌 실무자를 위한 상급학위가 필요합니다. 미국에서는 몇몇 대학이 이미 이러한 학위제도를 시험삼아 시행해 오고 있습니다. 그러나 현재로서는 이것은 단지 실험사항에 지나지 않고 있으며, 어떤 문헌정보학대학원에서는 "6년제 과정"을 개설하고 있습니다. 내 생각으로는 이 6년제는 확실히 올바른 방향으로 가는 것이라고 여겨집니다.

이 새로운 학위에 있어서 하나의 위험은, 말할 것도 없이 그것이 박사자격을 얻을 수 없는 사람들을 위해서 마련된 일종의 위로의 상으로 보일지도 모른다는 점입니다. 그리고 박사학위가 갖는 아주 굉장한 권위의 반영이랄까 하는 것이 여기에 또 있다는 점입니다. 이 새로운 학위는 그 자체가 독립된 것이어야 합니다. 즉 박사와 마찬가지로 그 나름대로 똑같이 존경 받는 것이어야 하겠습니다. 연구가 인생의 전부도 아니고 궁극적인 것도 아닙니다. 그런데 우리나라에서는 학술활동, 또는 심지어 문화활동에서까지도 너무나 연구의 중요성에만 치중한 나머지 도저히 여기서 헤어날 수 없는 지경이 되어 버린데 대해서 매우 안타깝게 생각합니다. 토마스 쿤(Thomas Kuhn)은 「과학혁명의 구조」라고 하는 아주 재미있는 그의 저서에서, 과학에 있어서의 규범(Paradigm), 즉 과학이 영향을 미친 환경에 대해서 말하고 있습니다. 이 규범이란 곧 틀이며, 과학에 있어서의 혁명이란 과연 혁신적인 일이 행해졌을 때 일어나는 것이며, 그렇게 해서 낡은 규범은 무너지고 새로운 규범이 발전한다는 것입니다. 토마스 쿤의 규범과 케네스 볼딩이 아주 간명하게 글로 설명한 이미지 사이에는 상당한 공통점이 있습니다. 하기야, 분명히 과학 그 자체는 하나의 규범이고, 현대인이 세상을 보는 그 이미지는 이러한 과학적 규범에 의해서 강하게 채색된 것입니다. 연구는 물론 과학의 규범에 대단히 밀착되어 있거나 연관되어 있습니다. 그렇지만 교육에는 연구를 필생의 업으로 하는 사람들을 기르는 것 외에 다른 점이 있다는 것을 정말로 솔직히 인정하고 싶습니다. 하여튼 문헌정보학대학원의 졸업생의 대부분이 연구를 일생의 직업으로 택하려고 하는 것은 아닐 것입니다. 이 사실에 관해서는 솔직히 인정하십시다. 우리의 전문직 현실을 시인하고, 그리고 연구가 최대다수의 최고의 선이라는 듯이 말하지 맙시다. 기질이나 능력 어느 모로 보나, 정말 자격이 없는 사람들을 무리하게 연구에 임하게 하지 맙시다. 문헌정보관에서 중요한 봉사업무를 맡고 있는 사람들도 지식의 제일선을 지원키 위해서 연구에 몰두하고 있는 사람들과 마찬가지로 똑같이 사회에 유익한 사람임을 알아 줘야 합니다. 그런가하면, "문헌정보사들은 오직 서서 기다리고 있는 이들에게 역시 봉사를 하고 있는 사람이란 것"을 잊지 맙시다.

7. 문헌정보학의 연구

7.1 연구란 무엇인가

이제, 박사학위에 대한 화제가 연구의 문제로까지 진전된 이상, 여기서 잠깐 문헌정보학의 연구에 관해 간단히 말씀드리기로 하겠습니다. 이에 관해서는 아주 간략히 말씀드리고자 합니다. 왜냐하면 솔직히 말해서, 문헌정보직에 있는 사람들이 아주 고무적인 연구실적을 내지 못했음을 시인하지 않을 수 없기 때문입니다. 즉 지금까지 논의되어 온, 바로 이런 상황에 주로 원인이 있습니다. 다만 문헌정보직은 전문직이며, 전문직이란 연구에 종사해야만 하는 것이라고 생각하는 사람들이 있습니다. 그렇기 때문에 문헌정보직은 반드시 연구를 수행해야만 하고, 그렇지 않으면 전문직의 지위를 잃어버릴 것이라고 생각하고 있습니다. 나라고 해서 연구를 격하시킬 생각은 추호도 없습니다마는, 연구란 많은 사람들이 생각하는 것처럼 그렇게 심원하고 난해한 것만은 아닙니다. 어쨌든 연구란 무엇일까요? 기본적으로 연구란 의문에 대한 해답에 지나지 않습니다. 찰스 다윈(Charles Darwin)은 앞마당에서 놀고 있는 여러 종류의 닭들을 보고서, 어떻게 이와 같은 여러 가지 종이 생겨났으며, 어떻게 해서 이와 같은 변화가 기르는 집닭에 일어났을까라는 의문이 마음속에 일기 시작했습니다. 그래서 그는 종의 성질과 종이 나타나는 변이를 조사하기 시작했습니다. 그가 분명히 그 연구에 몰두하고 있었다는 사실을 어느 누구도 부정할 수는 없을 것입니다. 그러나 다윈은 자기가 그 연구에 매달렸다거나, 그렇지 아니 했다거나 하는 문제에 단 한 순간이라도 신경을 썼을 리는 만무합니다. 그는 의문을 품었으며, 그 본질에 있어서의 어떤 과정에 대한 것을 찾아내려고 했을 뿐입니다. 그래서 그는 결국에는 토마스 쿤이 말한 바와 같이 생물학의 규범(Paradigm)을 깨뜨리고 만 것입니다. 마치 아인슈타인(Einstein)이 뉴턴 물리학(Newtonian

Physics)의 규범(Paradigm)을 깨뜨려 버린 것과 마찬가지 입니다.

7.2 연구를 위한 규칙

물론 우리들은 연구의 지침이 될 어떠한 규칙을, 말하자면 규칙을 위한 규칙이 아니라, 그 결과가 타당하리라는 것을 확실히 할 수 있는 규칙을 세우지 않으면 아니 됩니다. 그러나 일반적으로 전문직 교육에서는 그렇긴 하지만, 문헌정보직에 있어서는 너무나 지나치게 자주 그 규칙이 목적이 되곤 합니다. 사람은 규칙에 따라서 경기를 해야 하며 규칙에 따라서 경기를 하는 사람들은 그 결과야 어떻든간에 자동적으로 "정당"한 판정을 받게 됩니다. 하지만 비록 규칙이 제 아무리 좋다고 하더라도, 그리고 원칙과 이론이 또한 비록 중요하다고 하더라도, 만일 그것들이 어리석은 질문에 대한 대답에 쓰인다면, 거기에는 단지 어리석은 대답만이 나올 수밖에 없다고 말씀드리고 싶습니다. 비록 도구가 제 아무리 좋다고 하더라도 어리석은 자의 손에 들어가게 되면, 오직 바보 같은 결과만을 초래한다는 것은 틀림없는 사실입니다. 연구란 다음 연구의 일상적인 과정을 위해서 천편일률적으로 짜여지는 것은 아닙니다. 기본적으로 사람은 의문에 대해서 해답을 구하며, 그리고 이러한 규칙의 어느 것은 그 답이 타당하다는 것을 다짐하기 위한 수단으로서 발전해 왔습니다. 예컨대, 모든 생활이 통계학적으로 갖추어져 있을 수 만은 없습니다. 단순한 양적인 측정 이외에도 타당한 결론에 이르는 데에는 다른 방도도 많이 있는 것입니다.

7.3 진지한 질문을 하라

그런데 우리가 문헌정보관연구에 있어서 실제로 한 질문의 대부분은 사실 별로 중요한 질문이 아니었다고 생각합니다. 우리들은 아주 사소한, 그리고 별로 대수롭지도 않은 문제에 정력을 허비해 왔습니다. 솔직히 말해서 그것은 사소하고 하찮은 생각에서 단순히 행해졌기 때문입니다. 우리들은 알고 싶은 생각에 급급한 나머지 진리를 탐구하기보다는 오히려 연구를 위한 연구에 더 많은 관심을 가져왔던 것입니다. 참으로 얼마나 많은 문헌정보사들이 자기들의 전문직에 관해서 알고 싶어 하는가요? 연구란 조직화된 호기심이 아니라면 도대체 무엇이겠습니까? 확실히 연구의 방향을 재정립할 시기가 온 것입니다. 우리들은 문헌정보직에 관해 타당성이 있고 중요성이 있는 문제들을 차근히 계통을 세워 나가지 않으면 아니 되며, 이런 문제들을 해결하기 위해서는 여러 다른 학문의 도움을 구하지 않으면 아니 됩니다. 이제까지 4회에 걸친 강연에서 내가 제기한 이 모든 문제들이 오직 문헌정보사의 힘만으로 해결이 될 수 있는 것이라고는 말하고 싶지 않습니다. 그러나 그 해답을 어떤 식으로 찾아야 하든지간에, 먼저 지적인 질문으로부터 시작하지 않으면 아니 됩니다. 즉 바로 이것이 첫걸음을 내딛는 것입니다.

7.4 다른 학문의 영향

여기서 문헌정보학대학원이 대학사회에 있게 된 하나의 이유는 바로 문헌정보학대학원이 다른 학문과의 협력을 통해서 득을 볼 수 있기 때문이라고 생각합니다. 그런데도 불행하게도 이 문헌정보학대학원들은 이와 같은 유익한 기회를 살리지 못하고 있습니다. 문헌정보학대학원장들은 여지껏 대학생활이란 조류의 한 가운데에 놓인 바위이었으며, 조류는 그 주위를 맴돌아 가기만 했습니다. 문헌정보학대학원은 대학사회의 영향을 거의 받지 못한 채로 있었습니다. 우리들은 학문 상호간의 관계를 강화하지 않으면 아니 됩니다. 즉 물리학자, 화학자, 사회과학자에게서 우리들은 조언을 구하고, 도움을 청해야 하며 그들이 지적인 전망에 관해서 관심을 보이지 않고 있는 문헌정보직의 기본적인 모든 문제에 대해서도 이야기를 나누지 않으면 아니 되겠습니다. 그들 중 누구도 문헌정보직이 어떠한 가능성이 묻혀 있는지에 대해서 생각해 본 적도 없을 것입니다. 학문을 하는 세계에서 우리들은 매우 서투른 세일즈맨이었던 것 같습니다. 물론 지금은 완전히 주로 외부의 힘에 기인해서, 또는 기록

지식에 대한 사회의 엄청난 수요에 인해서 많은 사람들이 문헌정보직 및 문헌정보직의 문제에 관심을 갖기에 이른 것입니다. 그러나 지금 우리들에게 주어진 이 기회를 꼭 붙잡지 못한다면, 우리의 문헌정보학대학원은 대학교와는 별볼일 없는 관계로 그냥 남게 될 것이며, 그렇게 되면 결국은 직업학교로 그치게 될 것입니다.

7.4.1 의사와 간호사 사이와 유사

예를 들어서, 의업에 있어서 간호사의 지위를 말해 봅시다. 의사가 간호사에게 전문적인 것은 전혀 시키지 않았던 때가 있었습니다. 그녀는 문자 그대로 한낱 간호부이었습니다. 즉 그녀는 환자를 돌보기도 하고, 응급을 요하는 생리적 요구를 거들어 주고, 환자의 기분을 맞춰 주는 것이 고작이었습니다. 의사는 간호사에게 환자의 체온을 재는 일조차도 허락하지 않았으며, 더우기나 혈압을 잰다거나 피하주사 따위는 어림도 없었습니다. 이런 일은 모두가 의사의 일이었습니다. 그러나 최근 몇 10년래 이와 같은 직무는 의사로부터 간호사에게로 계속 넘겨 주게 되었습니다. 요 몇 해 전까지만 해도 의사가 감히 간호사에게 맡기리라고 생각도 못했던 여러 가지 일들을 지금은 간호사들이 다 하고 있습니다. 그리고 의사들은 다른 활동, 특히 연구에 더 치중하고 있습니다.

7.5 전문직의 일

그러나 이러한 변화가 문헌정보직에서 확실히 일어나고 있다고는 생각되지 않습니다. 문헌정보관에서 이루어지고 있는 작업의 70~80%는 사무직원에 의해서 처리될 수 있는 것이라고들 말하고 있으며, 나도 그것은 정확히 본 것이라고 생각합니다. 그런데 전문직 문헌정보사가 해가 갈수록 이러한 사무적인 일을 계속 맡아서 하고 있습니다. 의사와 간호사 관계를 눈여겨 봅시다. 사무적인 일은 사무직원에게 맡기고, 정말로 전문적인 일만을 우리가 맡도록 합시다. 참으로 우리의 전문직의 역할을 분명히 해 두는 것이 좋겠습니다. 서로서로를 구별해 두지 않는다면, 세상 사람들은 우리들을 아주 바로 하찮은 일꾼*으로 여기게 될 것입니다. 그렇게 되면 우리들은 우리의 직업을 관리하는 힘을 잃게 될 것입니다. 즉 우리들은 기사, 과학자, 정보전문가, 무엇이라고 부르든지간에 이런 사람들에게 우리의 일거리를 다 놓치고 말 것입니다. 그리고 우리들은 매우 난처한 입장에 놓이게 될 것입니다. 세상 사람들은 문헌정보관이 문헌정보사에 의해서 운영이 되든 정보과학자나 물리학자에 의해서 운영이 되든, 별로 상관하지 않을 것으로 생각합니다. 일반 시민 모두가 바라고 있는 것은 성과인 것입니다.

---

* 옮긴이 풀이: hewers of wood and drawers of water는 성경의 여호수아서 IX:21에 나오는 말.

7.6 문헌정보사의 책임

그러나 문헌정보사는 문헌정보직의 전문성을 관리할 만한 논리적인 사람이라고 말씀드리고 싶습니다. 최근에서야 문헌정보직에 대해서 알게 된 많은 사람들이 차바퀴를 갈아 끼우듯이 분주히 서두르고 있습니다. 만일 그들이 문헌정보사가 겪은 경험에 대해서 단지 얼마만큼이라도 주의를 기울여 보았다면 그들 스스로가 그 수많은 좌절을 겪는 수고는 덜 수 있었을 것입니다. 몇 해, 아니 몇 세기를 걸쳐서 문헌정보사들은 정말로 무시할 수 없는 수많은 실지경험을 쌓아 왔습니다. 문헌정보사야말로 진정한 정보전문가입니다. 그것은 그렇다치고, 우리들은 모두가 문헌정보사이므로 우리의 전문직의 발전을 보고 싶어하는 것이고, 그래서 우리들은 지도력이 있는 사람, 문제해결 능력을 가진 사람, 우리의 전문직이 나아가야 할 방향을 제시할 수 있는 사람, 즉 필사 기록물의 활용을 통해서 사회에 참다운 봉사를 하는 방향으로 이 직업을 이끌어 갈 수 있는 사람을 꼭 받아들이고 싶습니다.

7.7 장래의 전망

여러분, 이 긴 일련의 강의도 이제 마무리 할 때가 된 듯합니다. 내가 처음에 제기한 문제로 되돌아가 봅시다. 문헌정보학이란 무엇인가?라고 말한 것 말입니다. 이것이야말로 우리 모두가 맞닥뜨린 절실한 문제입니다. 문헌정보학은 학문으로서의 규율을 가지고 있는 것인가? 사회에 있어서의 문헌정보사의 역할은 무엇인가? 문헌정보사의 지적 기반은 무엇인가? 이상의 질문들은 아직도 해답을 얻지 못한 중대한 문제들입니다. 고등교육을 받은, 숙달된, 그리고 지적이며 창의력이 있는 젊은이들이 이 분야에 들어와 주기를 우리가 바라는 것도 바로 이런 이유에서입니다. 여기서 잠깐 컴퓨터를 살펴보기로 합시다. 그것은 있는 그대로의 하나의 기계적인 발명품으로서가 아니라, 그것이 의미하고 있는 것은 바로 직업의 상징이 변해 가고 있음을 말해 주고 있습니다. 즉 새로운 차원으로 발전해 가고, 새로운 관점을 익히고, 사회에 있어서 새로운 책무를 받아들이고, 일을 해야 할 새로운 자료들을 일매지게 하는 직업의 상징을 그것은 말해 주고 있습니다. 그러면 문헌정보학이란 무엇입니까? 여러분 중에 젊은이들이 좋아하는 문학 책을 읽어 보신 분들이 계시다면, 로마군단이 물러가고 앵글로 색슨(Anglo Saxons)이 쳐들어 오기 직전까지의 영국의 소란과 혼란상을 다룬 로즈메리 사트크리프(Rosemary Sutcliffe)의 소설이나 대하소설을 기억하고 계실는지도 모릅니다. 「등불을 켜든 사람들」이라 제목을 붙인 첫 권의 끝 부분에 있는 제2장에, 내 기억으로는 두 주인공이 언덕 위에 서서, 전원을 내려다 보면서 자기들이 겪어 온 그 무섭던 혼란과 고생스러웠던 역정을 생각하고 있는 대목이 있습니다. 거기서 아컬라(Aguila)는 유지너스(Euginus)에게 "해질녘에 서 있노라면 어느 새 어둠은 우리를 삼켜 버리겠지라는 생각을 나는 가끔 해. 그러나 아침은 다시 올거야. 아마도 해가 서산에 떨어져 버렸다고 보는 사람 이외는, 어둠이 걷히면 아침은 항상 다시 오리라고 믿어. 이 친구야! 우리들은 등불을 켜든 사람이야. 우리들을 위해서 무엇인가 불을 붙여 들고 있어야 해. 어둠과 바람 속을 해쳐 나갈 수 있는 등불을 가지고 있어야 해."라고 말하고 있습니다. 친애하는 여러분, 바로 이것이 문헌정보학에 관한 모든 것입니다. 이것이 바로 문헌정보학의 고고한 이상이기도 합니다. 이제 페트라르카(Petrarch)의 고독한 생활, 명상적인 생활이라는 아주 재미있는 조그마한 수필집, 「은자의 생활」이라는 책에서 내가 좋아하는 한 구절을 인용해서, 이 글의 결론을 내리는 것이 좋을 것 같습니다. 즉 페트라르카는 이 책에서 이렇게 말하고 있습니다. "나는 다만 지칠 줄 모르는 탐구자에 지나지 않습니다. 비록 나는 항상 진리를 찾으려고 애써 왔지만, 내향적인 좀 주뼛거리는 성격이 나의 통찰력을 흐리게 했거나 그 일 자체의 추구를 모호하게 하지나 않았는지 적이나 걱정스럽습니다. 가끔 별수 없는 의견에 휘말려 들었는지도 모르겠습니다. 그래서 나는 단정을 내리는 자로서가 아니라, 주의 깊게 관찰하고 연구하려는 자의 입장에서 이런 문제에 의심을 갖습니다. 단정은 현자의 특권이지만, 나는 현자도 아니고 그 현자에 비견할 만한 사람도 아닙니다. 다만 키케로(Cicero)의 말대로 단지 대단한 추측자일 뿐입니다."

그러면 여러분, 이 "대단한 추측자"란 여러분과 같이 이렇게 즐거운 시간을 보내면서 여기서 내가 여태껏 해 온 것을 말합니다.

비록 참석은 못했지만, 이렇게라도 여러분을 만나게 된 것은 정말로 매우 기쁜 일이며 아주 즐거운 일이었습니다. 이제 작별에 임해서 인도에 계신 친애하는 여러분에게, 그리고 아마 16년 전에 시카고대학에서 내가 가르친 제자이며, 고맙게도 그때 나를 도와서 같이 일을 했던 아주 유능한 분 중의 한 사람이었던 파르다사라디(Parthasarathy)님, 웨스턴리저브 대학에서 경제학을 전공하고 클리블랜드 공공문헌정보관에서 일을 했던 세드(Seth)님, 지난해 웨스턴리저브에서 박사학위를 받은 수브라마니암 (Subramaniam)님, 바로 지난해 여름 클리블랜드를 방문해서 우리와 함께 유쾌한 한 때를 즐겼던 사하(Saha)님과 그의 아름다운 부인과 여기에 오신 많은 여러분에게 마지막 헤어지는 인사를 드리지 않을 수 없습니다. 짧은 시간에 여기 참석하신 모든 분들의 이름을 일일이 다 말씀드릴 수 없는 데 대해서 조금이라도 언짢아 하지 않으시기를 바랍니다. 그리고 물론 저만큼 뒤에는 나의 오랜 친구인 랑가나단 박사님의 모습이 불쑥 떠 오릅니다. 귀국의 문헌정보사와 우리나라 문헌정보사뿐만 아니라 전세계의 문헌정보사들이 박사께 한결같이 감사를 드리는 바이며, 우리들은 랑가나단 박사에 비하면 아주 보잘 것 없는 사람들입니다. 리어왕에 나오는 마지막 장면이 언뜻 생각이 납니다. "가장 나이 많으신 분께서 가장 많이 애쓰셨습니다. 우리 같은 젊은 이들은 그렇게 힘든 일을 견뎌낼 수도 없거니와 그토록 오래 버텨내지도 못할 것입니다."

여러분과 이렇게 이야기할 수 있었음은 대단히 즐거운 일입니다. 경청해 주셔서 대단히 감사합니다. 이 다음에는 꼭 귀국을 방문할 수 있기를 바랍니다. 안녕히 계십시요.

〈참고문헌〉

1. Bruner (Jerome S). Process of education. Cambridge, Massachusetts; Harvard University Press, 1961.

2. Bush (Vannevar). Science is not enough. New York; Morrow, 1967.

3. Dieckhoff (John). Domain of the faculty. New York; Harper, 1956.

4. Hutchins (Robert Maynard). Higher learning in America. New Haven; Yale University Press, 1935.

5. Kerr (Clark). Uses of the university. Cambridge, Massachusetts; Harvard University Press, 1963.

6. Kuhn (Thomas S). Structure of scientific revolutions. Chicago; University of Chicago Press, 1962.

7. Medawar (P B). Art of the soluble. London; Methuen, 1967.

8. Millett (John D). Academic community. New York; McGraw-Hill, 1962.

9. Newman (John Henry). Idea of a university. New York; Holt, 1959.

10. Perkins (James A). University in transition. Princeton, New Jersey; Princeton University Press, 1966.

11. Phenix (Philip H). Realms of meaning. New York; McGraw-Hill,

1964.

12. Pusey (Nathan M). Age of the scholar. Cambridge, Massachusetts; Harvard University Press, 1963.

13. Tullock (Gordon). Organization of inquiry. Durham, North Carolina; Duke University Press, 1966.

14. Vollmer (Howard M) and Mills (Donald L), ed. Professionalization. Englewood Cliffs, New Jersey; Prentice-Hall, 1966.

Ⅵ. 인도에 적용

에스. 아르. 랑가나단

0. 감사의 말씀

이제는 제시 에이치. 셰라(Jesse H. Shera) 박사의 그 해박한 강의에 감사의 말씀을 드려야 할 시간인 것 같습니다. 만약 전자기기를 각 개인마다 다 가질 수 있을 정도로 발달되어 있다면, 셰라 박사가 어디에 계시든, 또 설령 일어나 계시든지, 주무시고 계시든지간에 나는 지금 이 기계를 통해서 직접 박사에게 이야기를 걸 수 있었을 것입니다. 여기 뱅가로르는 이제 막 정오를 지나고 있지만 클리블랜드는 지금 한밤중이어서 아마도 박사님은 지금쯤 주무시고 계실는지도 모르겠지마는, 나는 이렇게 말을 걸었을 것입니다. "제시, 참으로 잘해 주었오. 당신의 강연은 훌륭했오. 「등불을 켜든 사람들」의 메시지를 전해 주었오. 이에 대해서 심심한 감사를 드려야 하겠오. 물론 당신을 친히 만나 보지 못한 것은 못내 아쉬운 일이었습니다마는一. 만일 당신이 여기 와서 연단 위를 왔다갔다 하면서 이야기를 했더라면, 당신이라는 사람을 더 잘 알게 되었을테고, 당신의 말에도 인간미가 더 넘쳐 흘렀을 것이요. 제시, 당신이 이번 강연에서 들려 준 모든 것에 참으로 감사를 드리는 바요." 내 아내와 나, 기금이사회를 대신해서, 그리고 여기 모인 청중 여러분을 대신해서, "문헌정보학의 사회학적 기반"이란 이 일련의 훌륭한 강연을 해준 셰라 박사에게 감사의 말씀을 거듭 드리고자 합니다.

1. 문헌정보 전문직의 책임

1.1 문헌정보 전문직의 근원

셰라 박사는 우리 전문직의 심층을 바로 논하였습니다. 그러나 이분이 말씀하신 바와 같이 그것은 아직까지도 해명되지 않은 채 어둠 속에 쌓여 있습니다. 우리의 전문직은 아직도 그 근원을 찾아낼 수 있을 만큼이나 깊이 파고 들지를 못했습니다. 이런 면에서 해야 할 일이 많습니다. 우리들은 아직도 겉에서만 빙빙 겉돌고만 있습니다. 이분의 1차 강연에서 이 문제가 분명히 거론되었습니다. 그 이후 계속된 강연에서도 이분은 여러 차례 이 문제를 더 깊이 이야기하였습니다. 우리의 전문직 업무의 기반과 그 위에 세워진 상부 구조에 있어서 이 양편에 있는 여러 어두운 면에 조명을 맞추었습니다. 우리들은 가만히 있어서는 아니 됩니다. 백년 전의 기술, 봉사 방식, 견해를 고수하려고 해서도 아니 됩니다. 다른 나라에서는 이미 쓸모가 없어서 버려버린 뿌리나 가지를 지금에서야 인도에 이식하려고 해서도 아니 됩니다. 인도에서의 문헌정보 전문직은 전력 투구해서 전진해 나가지 않으면 아니 됩니다. 셰라 박사의 발언으로 미루어 보면 문헌정보학의 기본법칙의 의의가 인도에서는 정립되어 있음을 아실 것입니다. 이 다섯 가지 법칙은 계속적인 사회변화에 대응해서 어느 정도 우리 전문직의 근원을 찾는데 우리로 하여금 얼마나 전진케 하고 있는지를 아마도 알 수 있을 것입니다.

1.2 문헌정보 전문직과 개인 독자

"문헌정보관과 개인"이란 셰라 박사의 강연은 독자에 대한 최종 단계의 봉사에 있어서 그것은 어디까지나 개인적이어야 한다는 우리의 주장에 그 의의를 부여해 주고 있음을 여러분은 다 아시리라고 믿고 있습니다. 어떠한 기술이나 어떠한 기계장치가 가장 수가 많은 독자 그룹을 위해서 그것이 단지 고안될 수 있는 것이라고 한다면 그것은 적합한 것이라고는 볼 수 없습니다. 독자 한 사람 한 사람은 문헌정보사의 개인적인 친밀한 봉사를 받지 않으면 아니 됩니다. 이런 필요성은 영구히 계속될 것입니다.

1.3 독자봉사에 있어서의 본질적인 난점

문헌정보관에서 행해지는 개별봉사에 있어서 어려운 점은 본래부터 있는 일입니다. 셰라 박사도 역설했듯이, 독자가 생각하는 바와 책에 담긴 사상이 뜻하는 바를 파악하고서, 독자가 원하는 꼭 맞는 책을 찾아 준다는 것은 어려운 일이기 때문입니다. 마치 총을 마구 쏘아 댈 때와 같이, "맞으면 다행이고 안 맞아도 그만이라"는 식을 우리들은 지금도 흔히 쓰고 있습니다. 전문직이란 이러한 난제를 최소 한도로 줄여 주지 않으면 안 되는 것입니다. 본질적인 문제를 위해서 통계적인 방법은 우리들이 대다수 독자층에게 봉사하는 일에 있어서 어느 정도는 도움이 될지도 모릅니다. 그러나 바로 소수 독자층을 위해서 봉사해야 하는 나머지 문제는 여전히 해결되지 않은 채로 그대로 남아 있게 될 것입니다. 문헌정보 전문직의 아주 중요하고도 기본적인 이 과제에 있어서 상당한 연구가 이루어져야 할 필요가 있습니다.

1.4 검열과 문헌정보 전문직

셰라 박사는 문헌정보 전문직에 의해서 제공된 독서자료

를 읽고 난 후 반사회적 사상을 갖지 않도록 그 나름대로 개별봉사를 해야 하는 문헌정보사의 막중한 책임문제를 거론하고 있습니다. 이는 끊임없이 계속되고 있는 매우 까다로운 문제입니다. 보통 검열은 정부의 기능이지 문헌정보관의 기능은 아닙니다. 그렇다고 해서 그것은 문헌정보 전문직이 독자들의 독서경험 능력을 높이는데 있어서 하등의 책임이 없다는 것을 뜻하는 것은 아닙니다. 또한 독자들이 읽고자 하는 것에 관해서 문헌정보전문직이 전혀 관심을 가질 필요가 없다는 뜻도 아닙니다. 대중의 요구를 존중하는 일이 필수적이란 것은 의심할 바가 없습니다. 그러나 어느 독자 그룹이 어떤 종류의 책을 읽으려고 할 때, 때로는 말릴 필요가 있을 것입니다. 여기서 한 예를 들자면, 어린이 문헌정보관에서는 성을 다룬 어떤 종류의 책은 소장되지 않도록 해야 할지도 모릅니다. 성인을 위한 일반문헌정보관에서도 소장하지 않아야 할 그럴 만한 사유가 되는 책으로는,

1. 실증과학 분야에서 이미 낡은 지식이 되어 버린 것;
2. 같은 주제내에서 더 좋은 독서자료의 구득이 가능할 때, 질이 떨어진 것;
3. 부정확한 것;
4. 사회에 널리 통용되고 있는 기준에 극단적으로 위배되는 것 등이 해당될 수 있을 것입니다.

이에 반해서 정치적, 종교적 이유로 해서 책이 제외되는

일이 있어서는 아니 되며, 압력단체의 제의로 제외되는 일이 있어서도 아니 되며, 불손함을 자아낼 정도는 아닌데도 이단적인 의견을 말한 것이라고 해서 그것이 제외되는 일이 있어서도 아니 될 것입니다.

1.5 문헌정보 전문직의 결속

오늘날 인도에서는 몇 세기에 걸친 문화의 공백기를 겪은 뒤에 현재의 문화주기의 상승 국면에 이제 막 들어서고 있습니다. 우리들은 이러한 새로운 생활의 초기, 즉 말하자면 유아기를 지금 지나고 있습니다. 이 시기에 몇 개의 정당이 출현했습니다. 이 정당 중에 어떤 당은 서로 정반대되는 관점과 의견을 가지고 있습니다. 그들은 번갈아 정권을 장악하기도 합니다. 이와 같은 시기에 문헌정보 전문직은 매우 어려운 직무를 짊어지고 있습니다. 왜냐하면, 정권을 장악하고 있는 어느 정당이 다른 당의 관점이나 의견을 지지한 책이나 저술을 자칫하면 전부 금지하려는 경향이 있기 때문입니다. 이러한 난처한 입장에 대처하기 위해서는 우리 전문직은 첫째로 모든 정당정치로부터 초연해지지 않으면 아니 되겠습니다. 그 다음에는 문헌자료 선택 및 봉사에 있어서 어떠한 압력단체의 위압에도 버티어 나갈 수 있도록 결속하지 않으면 아니 되겠습니다. 결속과 조화만이 이와 같은 난국에서 문헌정보 전문직을 이끌어 갈 수 있을 것입니다.

1.6 사회적인 기억에 있어서 문헌정보관의 역할

개인의 기억은 연상능력이 뛰어납니다. 그 자체에 수많은 생각을 가지고 있을 수 있습니다. 그것은 강력한 일련의 연상력을 발휘하여 필요로 하는 생각을 바로 그 순간에 어느 것이나 되살릴 수가 있습니다. 그러나 사회의 기억은 이와 같은 행위를 발휘함에 있어서 이런 유리한 점을 갖지 못했습니다. 사회의 기억으로 간직되어야 할 수많은 생각이 너무너무나 많습니다. 그래서 사회는 사회성을 갖게 하는 기억, 즉 책, 정기간행물, 참고문헌 등 모든 필사물에 의존하지 않을 수 없습니다. 이처럼 점점 불어나는 사회성을 갖게 하는 기억을 조직하고 이 기억을 충분히 활용할 수 있는 장치를 확립하는 것이 문헌정보 전문직의 기능 중 하나입니다. 이 장치란 독자의 연상적인 기억을 발휘할 수 있는 것이어야 합니다. 이것은 다큐먼트 및 또는 문헌정보관 목록기술의 성립 이치를 말합니다. 여기서 분류, 편목, 참고봉사의 필요성이 생깁니다. 문헌정보직이 전문직군에 들게 된 것은 겨우 지난 백년래의 일입니다. 이제 겨우 시작 단계입니다. 사회의 구체적 기억의 조직자로서 그 기능을 다하기 위해서는 해야 할 일이 많습니다. 셰라 박사도 2차 강연에서 이 점을 아주 강력히 거론하신 것입니다.

2. 사회인식론

2.1 주제계의 구조와 발전

3차 강연에서 셰라 박사는 사회인식론에 대해서 말씀하시고 계십니다. 이것은 좋은 착상입니다. 인식론이란 지식에 관한 지식의 이론이라고 셰라 박사는 말씀하십니다. 개인에 관련된 인식론에 대해서는 상당한 연구가 이루어져 있다고 말할 수 있습니다. 이 분야에는 독자적인 연구가 꽤 많이 나와 있습니다. 그러나 사회인식론에 대한 연구는 극히 부진합니다. 그래서 지식의 구조와 발달을 검토하고, 사회에 대한 그 반응양식을 살피고, 지식이 사회적 영향력하에서 발전해 온 자취를 살펴보지 않으면 안 된다고 셰라 박사는 분명히 말씀하시고 계십니다. 이분은 이 점을 아주 적절히 거론하신 것입니다. 문헌정보학석사 과정 학생이나 다큐멘테이션 연구·훈련원(DRTC)의 원생들은 셰라 박사가 "주제계(主題界 universe of subjects)의 구조와 발전"에 관해 말씀하시고 계시는 것이 곧 자기들이 전공과목의 한 기초과목으로 지금 이수하고 있는 과목임을 금방 알아차렸으리라고 생각합니다. 1948년 이래 인도에서 가르쳐 온 이 과목이 영국과 미국의 문헌정보학대학원에서 지금 그 중요성이 인정되고 있음을 볼 때, 흥미로운 일입니다. 그런데 인도에서

192

는 아직도 그 가치를 알아보려 들지 않는 사람들이 꽤 있습니다. 셰라 박사의 3차 강연은 이러한 사람들에게 특별한 말씀이 될 줄로 생각합니다.

2.2 서로 동시에 이루어지는 마음속의 이해

셰라 박사의 3차 강연의 어떤 내용은 이분과 내 자신이 이심전심으로 무엇인가 통해 있는 것을 느끼게 하고 있습니다. 이분은 우리가 지금 주제계라고 부르고 있는, 즉 지식에 대해서 언급하고 계십니다. 이분은 여기서 1950년 이래 인도에서 연구하고 있는 지식의 구조와 발전양식 ―느슨한 집합, 성층화, 나출화, 해부― 에 대해서 말씀하고 계십니다. 이분은 이와 같은 착상에 깊은 감동을 받았다고 말씀하시면서 내가 이 연구를 계속해 줄 것과 주제계의 모든 양식을 알아내 줄 것을 당부하고 계십니다. 1964년 랏거즈대학 세미나에서 강연을 할 때, 나는 전연 새로운 방법으로 새로운 주제의 구성이 가능하지 않겠는가 하는 점을 얼핏 넌지시 말한 적이 있습니다. 아주 이상스럽게도 셰라 박사가 몇 달 전 클리블랜드에서 이 강연을 녹음하고 계셨을 시간에 나는 나의 이 새로운 추리를 추구하고 있었으며, 주제계에 있어서 이 새로운 구성양식을 "합성"이란 용어로 부르기로 했었습니다. 합성이란 주제구성의 제5양식입니다. 우리들은 이 문제를 지난 3일 동안 세미나에서 논의했었습니다. 동시에 에

이. 닐라메간(A. Neelameghan)씨 역시 이 문제에 몰두해 있는 것 같습니다.

2.3 텔레파시에 대한 설명

생각이란 누구에게 매여 있는 것은 아닌 듯 싶습니다. 그것은 광대무변한 마음속에 존재해 있습니다. 라디오의 수신기를 틀게 되면 우주공간에 있는 방사선 중에서 특정한 파장을 잡게 되는 것과 같이 인간의 정신도 그와 마찬가지로 때로는 광대무변한 마음속에서 번뜩 새로운 생각을 해내게 되는 것입니다. 그렇게 해서 그것은 사회에 전파되는 것입니다. 때로는 두 사람 또는 그 이상의 여러 사람들의 마음속에 똑같은 생각을 동시에 하게 되는 일이 있습니다. 이를 두고서 텔레파시라고 합니다.

3. 컴퓨터

3.1 판단력이 필요하지 않은 곳

4차 강연에서 셰라 박사는 우리의 전문직에 있어서의 컴퓨터의 역할 및 그 활용가능성에 대해서 깊이 논하고 계십니다. 셰라 박사와 마찬가지로 나도 개인적으로는 컴퓨터를 찬성합니다. 그러나 인도의 현상황에 비추어 볼 때, "보급 가능성의 요인"에 대한 그 오만함에 대해서만은 엄중히 나무랄 수밖에 없습니다. 셰라 박사가 말한 바와 같이 컴퓨터는 서양의 많은 나라에서는 사무적인 수많은 일들을 처리하는데 유용하게 사용되고 있습니다. 우리들이 해야 할 모든 종류의 반복작업을 맡아서 해낼 수 있는 컴퓨터를 인간의 두뇌가 창안해 낸 것은 아주 기발한 일입니다. 컴퓨터는 현재 매우 급속히 발전하고 있습니다. 일년도 채 못 가서 이 컴퓨터는 낡은 구식이 되어 버리고, 거의 매해마다 새로운 기종이 출현되고 있습니다. 우리도 컴퓨터를 빨리 만들어 낼 수 있어서 그것을 일찌기 인도에서 쓸 수 있게 된다면, 그것처럼 더욱 좋은 일은 없을 것입니다. 컴퓨터는 정보를 조직하고 색인을 만들고 검색하는 데 사용됩니다.

데이터의 상관관계를 포함한 일정한 정보사실과 정보검색의 경우, 작동할 수 있는 파라미터(Parameter 매개변수)의 수는 유한합니다. 그래서 작동할 수 있는 이 파라미터의 각 가치수도 역시 한정되어 있습니다. 이것들은 컴퓨터의 기억장치에 저장이 될 수 있습니다. 우리들은 파라미터의 하나 또는 그 이상의 유한수로 이루어진 가치의 유한수의 어떤 원하는 조합을 찾아내도록 컴퓨터에 명령할 수가 있습니다. 이때 컴퓨터는 아주 재빨리 짧은 시간 안에 이 일을 해낼 수 있어서, 우리 자신이 모두 하지 않으면 아니 될 노고를 덜어 줄 수 있습니다. 그러나 이 일을 수행하는 데 있어서는 어떠한 판단력을 필요로 하는 것이 아니라는 것을 기억해야 할 것입니다.

3.2 판단력이 필요한 곳

파라미터의 수많은 수와 이 파라미터의 수많은 여러 가지 가치수가 어느 한도를 넘어설 정도로 많아져서, 이를 고려해야 될 경우, 결정을 내릴 수 있는 것은 오로지 판단력뿐입니다. 그렇지만 컴퓨터는 판단력을 행사할 수 없습니다. 판단은 오직 사람의 마음만이 행할 수 있는 것입니다. 컴퓨터의 기억장치에 비축될 수 있는 "파라미터의 수와 그 각 가치수의 커짐"을 늘려감으로써 어느 정도까지는 컴퓨터의 용량을 늘려 갈 수는 있습니다. 그러나 파라미터의 수가 더욱 많아지고 그 가치수가 더욱 많아짐으로써 거기에는 필연적으로 수반되는 문제가 항상 있게 됩니다. 즉 컴퓨터의 기억 속에 비축할 수 있는 최대의 수보다 훨씬 더 많은 수가 문제되는 것입니다. 이것은 곧 컴퓨터 이용의 한계가 됩니다. 게다가 파라미터의 가치는 항상 일일이 셀 수 있는 것도 아니요, 구별할 수 있게 생긴 것도 아니고, 단지 그것은 흔히 연속적이어서 셀 수도, 구별할 수도 없습니다. 이것은 곧 가치수가 무한히 있을 수 있다는 것을 의미합니다. 여기서도 사람의 판단력만이 이 상황을 처리할 수 있는 것이지, 컴퓨터가 할 수는 없습니다. 독자가 필요로 하는 올바른 양식이나 기준에 맞는 설명을 해 줄 수 있는 정확한 자료를 어느 특정 순간에 찾으려고 할 때, 여기에 수반되는 많은 파라미터가 있어서 이것들은 쉽게 구별이 되지 않을지도 모릅니다. 그리고 이 중의 많은 가치수가 연속체를 이루고 있습니다. 이 것들은 따로따로 구별이 되지도 않습니다. 그런 까닭에 학자를 위한 검색작업은 사실상 판단에 의존합니다. 따라서 오늘날 예견할 수 있는 한에서는 컴퓨터가 인간의 기능을 대신할 수는 없습니다.

3.3 컴퓨터에 의한 초록작업

우리가 지금 하고 있는 학술논문의 초록업무를 컴퓨터가 대행해 줄 수 있는가 하는 가능성에 대해서도 나는 의심을 갖고 있습니다. 사실, 가치가 있는 논문은 새로운 아이디어를 논하고자 한 것입니다. 그것이 새로운 만큼, 그것을 설명할 수 있는 용어는 아직 없는 것입니다. 그래서 새로운 아이디어의 연원에 익숙해지기 위해서는 처음부터 잘 알 수 있는 말로써 누구나가 다 잘 알 수 있는 표현으로 설명하지 않으면 아니 됩니다. 최종적으로는 그 저자가 이 새로운 아이디어를 설명할 수 있는 새로운 용어를 바로 찾아낼지도 모릅니다. 이 새로운 용어는 그래서 종종 생각이 나지 않을 수 있습니다. 따라서 결론부터 말하자면, 컴퓨터에 의한 초록은 새로운 용어나 새로운 아이디어를 골라내지 못할 것이라는 것입니다.

3.4 통계적 산출의 부적당성

여기서 내 경험을 하나 말씀드리고자 합니다. 1958년 워싱턴에서 개최된 국제과학정보회의에 컴퓨터 기사들이 한껍에 많이 참석했었습니다. 문헌검색 용도로 그 당시 컴퓨터를 이용하려는 실험이 시도되었습니다. 그것은 본래 문헌에 나타난 단어의 빈도수에 대한 통계적인 산출에 기초를 두고 있습니다. 컴퓨터는 하나하나의 단어 발생빈도를 쉽게 계산해 낼 수가 있으며, 그것을 다시 상관빈도에 따라서 쉽게 정렬시킬 수 있습니다. 서열 중 빈도수에 있어서 조사(助辭)는 또한 제외할 수 있습니다. 가장 자주 나오는 개념적인 실질적인 언어(實辭)가 문헌에 있어서 가장 중요한 아이디어를 나타내게 됩니다. 그리고 두 번째로 자주 많이 나오는 말이 그다음 서열이 되고, 또 그다음 번에 자주 나오는 말이 그다음다음 서열이 되는 것입니다. 이 방법에 의거해서, 컴퓨터에 의해 일종의 개념요약이 만들어질 수 있다고 주장을 했습니다. 이 회의 의사록의 초록도 컴퓨터에 의해 준비되고 있다고 말했습니다. 이 회의의 연사로서 내가 말할 차례가 되어서, 나는 그 자리에서 실제로 다음과 같은 말을 했습니다. 이 회의에 있어서 화제의 대부분이 컴퓨터와 기타 전자기기에 관한 것이므로 여기서는 컴퓨터에 의한 회의록의 초록이 바로 논의의 초점으로 떠오르게 될 것같이 보입니다. 그런데 나는 지금 40분 동안 이야기를 하는 중에, "분류, 목록, 분류, 목록 ……"만을 40분 내내 말하게 될 것입니다. 그렇게 되면 컴퓨터에 의한 빈도수에서는 이 회의에서 논의된 요점은 결국 "분류와 목록"이었음을 말해 줄 것이라고 했더니 모두들 크게 웃었습니다.

3.5 컴퓨터에 의한 색인

이 문제는 그렇다고 치고, 평상시에 쓰는 언어에도 비슷비슷한 유사어 또는 동의어가 수두룩하게 있습니다. 어느 한 학문이나 한 언어 안에서도 아직은 이를 완전히 배제하지 못하고 있습니다. 개념과 용어와를 하나 하나씩 똑바로 대응시킬 수가 없는 한에는 컴퓨터로서도 색인 중에 쓸데없는 것이나 누락이 생기는 것을 피할 수가 없습니다. 이러한 이유도 있거니와 인도에서는 아직 컴퓨터의 "보급 가능성"이 보이지 않은 처지로서 지금 기계에 의한 초록이나 색인을 시작한다는 것은 우리들로서는 아마도 시기상조인 것 같습니다.

3.6 문헌정보관 직무에 활용

문헌검색 작업을 위해 컴퓨터의 이용이 실제로 가능해지고 실무에 도입되게 될 때는, 문헌의 각 주제내용을 지적으로 분석한 연후에, 아주 깊이 있게 문헌을 지적으로 조직하거나 문헌의 기본기입을 발전시켜 나가기 위해서, 컴퓨터의 이용은 문헌정보관 직무에 한층 더 필요하게 될 것입니다. 그렇게 될 때에 비로서 컴퓨터의 활용은 실제로 능률적이고 효과적일 수 있습니다.

3.7 무분별한 모방

유감스럽게도 우리나라 사람 중에는 서양에서 시도되었던 것에 관해서 듣거나 읽고서는 거기에 정신이 홀딱 빠져버리는 사람들이 아직도 있습니다. 이 사람들은 서양에서 행해지고 있는 것은 무엇이든지 인도에서도 곧 바로 좋은 것이라는 생각을 하고 있습니다. 게다가 어떤 사람들은 서양의 이러한 최신의 시도를 받아들이는 것만이 마치 위신을 세우는 것으로 알고 있습니다. 또한 어떤 사람들은 우리나라에서의 "보급 가능성의 요인"을 검토해 보지도 않은 채 그냥 매매압력에 넘어가 버리기도 합니다. 우리들은 문화적으로 고갈상태에 놓여진 시기가 있었으며, 그때는 우리들 앞에 마구 쏟아져 들어온 것들을 그냥 그대로 받아들였으며, 어디에선가 만들어진 것을 그대로 모방하기만 했던 것입니다. 그러나 서양 사람들은 이즈음 매해가 다르게 기계를 실험하고 개선해 나가고 있는데, 우리나라 사람들 중에는 서양에서 10년 전에 하고 있었던 일을 거의 맹목적으로 그대로 모방만 하려고 하고 있습니다. 이것은 참으로 한심스러운 일입니다.

3.8 실험은 필요한 것

몇 년 전에 웨스턴리저브대학교에 컴퓨터 센터가 설립되었을 때, 문헌검색에 있어서 컴퓨터의 이용문제를 연구과제로 삼았습니다. 이 센터는 이 분야에서 많은 업적을 이룩했습니다. 이에 관해서는 나도 직접 알 수 있는 기회가 있었습니다. 1964년에 내가 이 센터에 들렀을 때, 그들이 해온 연구의 대부분이 언어학 분야에 값진 도움이 된다는 사실을 알게 되었다고 내게 말해 주어서 알았습니다. 이 연구는 축어적인 면에서 문헌사가 일하는데 쓸모가 있으며, 그다음에는 개념적인 면으로 바꾸는 데 쓸모가 있으리라는 생각이 들었습니다. 그것은 많은 다큐멘테이션 센터들이 모두가 다 할 수 있는 일은 아니었습니다. 인도가 부흥의 현시기를 맞이하고 있는 지금, 우리 또한 실험을 해야만 할 것입니다. 그러나 실험의 우선순위를 정하지 않으면 아니 됩니다. 문헌검색에 컴퓨터를 이용하는 실험이 맨 먼저 순위가 될 수 있는지에는 망설여집니다. 아무래도 그것은 다음 순위로 미루어지지 않으면 아니 될 것 같습니다.

4. 문헌정보 전문직의 교육

4.1 전문직 교육의 목표

5차 강연에서 셰라 박사는 문헌정보 교육이란 문헌정보관의 일상업무를 처리하기 위해서 그에 필요한 일손을 마련하는 일이 아니라는 점을 역설하고 있습니다. 또한 문헌정보 교육이 관리자를 양성하는 일만도 아니라는 것을 역설하고 있습니다. 문헌정보 교육의 본질적인 기능은 그런 것보다는 오히려 문헌을 조직하고, 그것을 독자들에게 가장 생산적인 방법으로 봉사할 수 있는 훌륭한 자격을 겸비한 사람을 양성하는 것이라고 말하고 있습니다. 이론과 기본원칙에 전적으로 찬성하면서도, 그저 일상업무만을 가르치고 있는데 대해서 셰라 박사는 나무라고 있습니다. 그러면서 이론과 실무는 다 같이 함께 발전해 나가지 않으면 안 될 것이라는 것입니다. 곧 이론과 실무가 지나치게 분리되게 되면 파국을 초래하게 될 것이라고 셰라 박사는 경고를 하고 있습니다.

4.2 교육과 훈련

셰라 박사는 문헌정보학의 각 영역의 일상적인 과정은 실무와 관찰을 통해서 배워야 할 것이며 이론과 원칙은 토론을 통해서 배워야 할 것이라고 역설하고 있습니다. 실무와 관찰은 훈련에 해당되며, 이론과 원칙은 교육에 해당됩니다. 우리들은 현재 업무를 수행해 나가기 위해서 문헌정보사들을 훈련시키고 있습니다. 그러나 또 우리들은 바로 다음 날부터 시작되는 아주 가까운 미래를 포함한, 즉 장래의 문제에 대처하기 위해서 문헌정보사들을 교육하고 있습니다. 여기서 교육이란, 새롭고 힘든 것이라고 해서 그저 생각도 해보지 않은 채 그냥 내팽개쳐 버리지 않도록 문헌정보사들을 가르쳐서 준비시켜야 하는 것입니다. 인도에서는 약 50년 전에 문헌정보 교육이 시작되었습니다. 거의 25년 전까지만 해도 —개척기— 인도에는 문헌정보 교육을 하는 곳이라곤 두서너 기관뿐이었습니다. 그래서 방금 말씀드린 기준을 유지하는 데는 별로 문제가 없었습니다. 그러나 오늘날에 와서는 교육기관의 수가 약 20여 개 교로 늘어났습니다. 이와 같은 급격한 팽창은 자칫하면 기준의 저하를 가져오기가 쉽습니다. 이러한 경향은 어떻게 해서든지 막아야 합니다.

4.3 바람직스럽지 않은 경향

셰라 박사는 문헌정보사의 전문직 교육에 관해서 박사와 같은 생각을 하고 있는 미국 내의 몇몇 인사들이 느끼고 있는 관심사를 말하고 있습니다. 전문직 교육의 기준이 어디서 하느냐에 따라서 모호해진다고 하는 것은 바로 미래의 문헌정보관 봉사를 담당해야 할 지도자를 양성하는 기본이 무엇인지 조차도 명확히 이해하지 못하고 있기 때문이라고 박사는 말하고 있습니다. 인도에서도 이와 아주 똑같은 말을 할 수 있습니다. 미국에서는 문헌정보학의 석사 또는 박사학위를 취득하려는 것이 유행이라고 셰라 박사는 지적하고 있습니다. 능력의 차이가 심한 사람들이 이 학위를 얻고자 하기 때문에 어떤 대학교에서는 학과목의 기준이 점점 저하되고 있습니다. 앞의 4.2절에서 말씀드린 바와 같이 이와 똑같은 일이 우리나라에서도 일어나고 있습니다. 이것은 마치 시계바늘을 역행시키는 것과 같아서 한심스럽기 짝이 없습니다.

4.4 인도에 호소함

대체로 말씀은 드렸지만, 우리나라의 문헌정보학학사는 미국의 석사학위에 해당됩니다. 우리나라 사람들 중에도 어떤 이는 문헌정보학학사 과정의 기준을 낮추려고 하고 있습니다. 우리나라의 석사학위 과정은 미국의 박사학위 과정에 거의 맞먹습니다. 지위를 탄탄히 하기 위해서, 또는 기타의 이유로 해서 꽤 많은 사람들이 박사과정에 들어가고 있는 것이라고 셰라 박사는 말하고 있습니다. 우리나라 사람들 중에도 어떤 사람은 이와 같은 수법으로 우리의 문헌정보학 석사학위 과정을 값싸게 팔고 있습니다. 이들은 기준을 떨어트리고 있으며 인력의 공급과잉 상태를 빚게 하고 있습니다. 셰라 박사의 경고는 인도의 문헌정보학 과정의 새로운 발전방향에 대해서 책임을 지고 있는 사람들에게는 반드시 명심해야 할 일이라고 하겠습니다.

4.5 문헌정보 전문직에 의한 연구

제5차 강연에서 셰라 박사는 문헌정보학 연구에 관해서 말하고 있습니다. 문헌정보학자가 기본원리의 연구에 몰두하고 있는 것과는 별도로, 실무에 종사하고 있는 문헌정보사는 문헌정보관에서 자기 일과 중에서 연구할 만한 문제를 찾아낼 수가 있을 것이라고 셰라 박사는 완곡히, 그러면서도 직설적으로 말하고 있습니다. 여기서 또 다른 하나의 텔레파시가 움직인 것 같습니다. 셰라 박사가 클리블랜드에서 테이프 녹음기에 이 강연을 취입하고 있을 때, 나는 뱅가로르에서 "문헌정보학에 있어서의 연구"라는 논문을 한참 쓰고 있었습니다. 이 논문은 계간지「다큐멘테이션을 주체로 한 문헌정보학(Library Science with a Slant to Documentation)」
의 이 달 호에 실려 있습니다. 세라 박사와 나는 둘이서 동시
에 동일한 생각을 광대무변한 마음속으로부터 하고 있었음
을 여러분은 아실 것입니다. 일련의 한 연구 끝에는 일상업
무에서 생기는 경험과 사실의 경험이 바탕이 되어, 거기서
경험적인 연구가 나오게 되는 것입니다. 또 다른 한편의 연
구 끝에는 기본법칙의 직관적인 이해가 바탕이 되어, 거기서
순수연구와 응용연구가 기본법칙의 연역에서 나오는 것입니
다. 이것이 결국 발전적인 연구가 되는 것입니다. 마찬가지
로 일상적으로 겪는 경험으로부터 시작해서 경험적 연구가
결국은 발전적인 연구가 되는 결과를 가져옵니다. 발전적인
연구가 결실을 잘 맺는 방법은 이상과 같은 두 가지의 연구
방법을 혼성하는 것입니다. 경험적인 연구는 많은 문헌정보
사들의 능력으로도 해낼 수 있어야 할 것입니다. 문헌정보
사들은 기본법칙으로부터 출발해서 발전적인 연구로 이끌어
가는 순수연구만이 최상의 연구방향이라고 생각하고서 연구
를 포기해서는 아니됩니다. 많은 사람들이 경험적 연구를
취하고 소수의 사람들이 순수연구를 취할 수 있을 것입니
다. 그러나 때로는 이 두 연구방법에서 얻어진 결과를 합치
시켜 보아야 할 것입니다. 세라 박사는 우리들을 위해서 이
분야를 아주 깊이 파헤쳐 주신 것입니다. 그리고 일상적인
업무의 아주 뻔한 수준에서부터, 문헌정보직이란 무엇인가,

커뮤니케이션이란 무엇인가, 커뮤니케이션의 한 기관으로서의 문헌정보관의 역할이란 무엇인가?라는 이러한 기본적인 의문점에 해답을 찾으려는 원대한 수준에 이르기까지, 즉 전단계에 걸친 연구의 문제점들을 지적해 주셨습니다.

Jesse Hauk Shera (1903-1982) 박사의 주요 저서

1. Introduction to Library Science; Basic Elements of Library Service. Littleton, Libraries Unlimited, 1976.

2. Knowing Books and Men; Knowing Computers, Too. Littleton, Libraries Unlimited, 1973.

3. The Foundations of Education of Librarianship. New York, Becker and Hayes, 1972.

4. Sociological Foundations of Librarianship. Bombay, Asia Publishing House, 1970.

5. Libraries and the Organization of Knowledge. London, Crosby Lockwood, 1966.

6. Documentation and the Organization of Knowledge. London, Crosby Lockwood, 1965.

7. Information Systems in Documentation. (A. Kent and J.W. Perry). New York, Interscience, 1957.

8. The Classified Catalog; Basic Principles and Practices. (Margaret E. Egan). Chicago, American Library Association, 1956.

9. Documentation in Action. New York, Reinhold, 1956.

10. Historians, Books, and Libraries, a Survey of Historical Scholarship in Relation to Library Resources, Organization and Services. New York, Greenwood Press, 1953.

11. Bibliographic Organization. (Margaret E. Egan, eds.). Chicago, University of Chicago Press, 1951.

12. Documentation. Chicago, University of Chicago, Graduate Library School, 1950.

13. Foundations of the Public Library; the Origins of the Public Library Movement in New England, 1629-1855. Chicago, University of Chicago Press, 1949.

찾아보기

<u>**문헌정보학의 사회학적 기반**</u>

초판 발행 2025년 12월 30일
옮긴이 윤 영
펴낸이 김복환
펴낸곳 도서출판 지식나무
등록번호 제301-2014-078호
주소 서울시 중구 수표로12길 24
전화 02-2264-2305(010-6732-6006)
팩스 02-2267-2833
이메일 booksesang@hanmail.net

ISBN 979-11-24166-04-8
값 15,000원